CÓMO SANAR LAS HERIDAS DEL RECHAZO

CÓMO SANAR LAS HERIDAS DEL RECHAZO

Avance firme, con esperanza y la capacidad de volver a confiar

JOYCE MEYER
Y GINGER STACHE

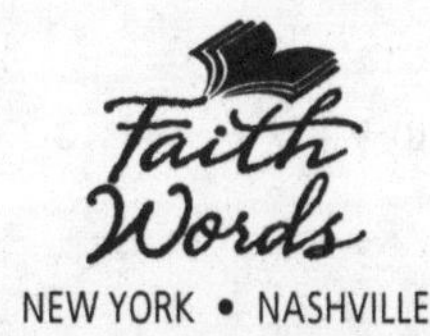

NEW YORK • NASHVILLE

FaithWords
Hachette Book Group
1290 Avenue of the Americas, New York, NY 10104
faithwords.com
@FaithWords / @FaithWordsBooks

FaithWords es una división de Hachette Book Group, Inc. El nombre y logotipo de FaithWords corresponden a una marca registrada de Hachette Book Group, Inc.

Traducción, edición y corrección en español por LM Editorial Services | lmeditorial.com | lydia@lmeditorial.com con la colaboración de Belmonte Traductores (traducción del texto).

ISBN: 978-1-5460-0961-0 (tapa blanda)
E-ISBN: 978-1-5460-0962-7 (libro electrónico)

Primera edición en español: septiembre 2025

LSC-C

10 9 8 7 6 5 4 3 2 1

CONTENIDO

Introducción por Joyce vii

Parte 1: Desechado **1**

Capítulo 1: Creado para ser aceptado (Joyce y Ginger) 3
Capítulo 2: Mi historia (Joyce) 19
Capítulo 3: Mi historia (Ginger) 31
Capítulo 4: La epidemia del rechazo (Ginger) 43
Capítulo 5: Esperanza en el horizonte (Joyce) 57

Parte 2: Las mentiras del rechazo **71**

Capítulo 6: Marcada por el rechazo (Ginger) 73
Capítulo 7: Arraigada en el rechazo (Joyce) 91
Capítulo 8: La lente del rechazo (Ginger) 107
Capítulo 9: Muros de protección (Joyce) 123
Capítulo 10: Perfeccionismo y rechazo (Joyce) 135

Parte 3: El camino a la sanidad **151**

Capítulo 11: Cómo resistir las mentiras del rechazo (Ginger) 153

Capítulo 12: Acéptese a sí misma (Joyce) 171
Capítulo 13: Su pasado no es su futuro (Ginger) 185
Capítulo 14: Las personas heridas hieren a otros (Joyce) 199

Parte 4: Adiós inseguridad; hola paz 213

Capítulo 15: Cómo alimentar la confianza (Ginger) 215
Capítulo 16: Cómo desarrollar relaciones interpersonales saludables (Joyce) 229
Capítulo 17: Cinco decisiones que producen esperanza y sanidad (Ginger) 247

Conclusión 265
Apéndice: La lucha por los rechazados 269
Notas 275

INTRODUCCIÓN

por Joyce

El mundo está lleno de personas que se sienten invisibles, ignoradas o rechazadas en lo más profundo. Cada vez más personas se sienten traicionadas y desechadas por sus cónyuges, utilizadas por quienes se supone que debían protegerlas, canceladas por la multitud, o enfrentando otros muchos rechazos dolorosos. Tal vez usted sea una de ellas, y sepa por experiencia propia que el rechazo es una fuerza poderosa.

En este momento, tengo una carga especialmente fuerte por luchar contra el daño que el rechazo está causando en las vidas de las personas. Dios ha puesto una urgencia en mi corazón para ayudar a las personas a sanar del dolor, el aislamiento, y la devastación del rechazo. Este es un tema extraordinariamente oportuno, y creo que Dios tiene muchas lecciones importantes que enseñarnos acerca de cómo encontrar libertad del rechazo y salir fortalecidos, con más confianza, y con la capacidad de volver a confiar.

El rechazo es doloroso y puede causar un daño profundo y duradero en el alma (la mente, la voluntad y las emociones); pero, gracias a Dios, Jesús es nuestro

Sanador y puede sanar cualquier herida en nuestro interior. La Palabra de Dios nos dice que Él sana nuestras heridas y nuestros corazones quebrantados (Salmos 147:3). Aunque personas en nuestra vida nos rechacen, Dios nos acepta y nos ama incondicionalmente. Nos acepta tal como somos, y nos ayuda a convertirnos en nuestra mejor versión.

Creo que hoy en día puede que haya más personas que nunca que están enfrentando rechazo. El mundo está lleno de personas enojadas que son insensibles a cómo eso afecta a los demás. Con frecuencia, los niños son descuidados porque sus padres están demasiado ocupados y enfrentando sus propios problemas. Al mismo tiempo, algunos jóvenes han decidido no tener contacto con sus padres. Simplemente actúan como si no los conocieran, por diversas razones. A menudo, estas razones se basan en diferencias de opinión, pero incluso cuando las opiniones son firmes, es triste (y hasta trágico) ver cómo las familias se desmoronan. Hoy en día, las personas hablan de ser tolerantes, y sin embargo rompen relaciones con quienes los criaron. En años pasados, recuerdo muchas familias que sostenían y expresaban opiniones firmes, a veces hasta alzando la voz en reuniones familiares, pero al final del día la familia era suficientemente valiosa como para seguir manteniendo la relación. Sencillamente no se alejaban los unos de los otros.

Además, la tasa de divorcio es alta; los divorcios entre personas mayores de cincuenta años han aumentado. Muchos varones involucrados en estos matrimonios han dejado a sus esposas por mujeres más jóvenes, lo que normalmente hace que las esposas se sientan desechadas y no crean que merecen amor. El abuso doméstico está en su punto más alto: la Red Nacional de Violación, Abuso e Incesto reporta que «una de cada 9 niñas y uno de cada 20 niños menores de 18 años sufre abuso o agresión sexual».[1] Los jóvenes también enfrentan el ciberacoso, algo desconocido hasta hace pocos años. La presión de grupo es abrumadora para ellos. Además, según la Conferencia Nacional de Legislaturas Estatales, «cada año, aproximadamente 4,2 millones de jóvenes y adultos jóvenes se quedan sin hogar en los Estados Unidos, de los cuales 700 000 son menores no acompañados».[2] Otros 443 000 niños están en hogares de acogida. La forma más común de abuso infantil es simplemente la negligencia, que no es más que otra manera de decir: «No eres importante y no mereces mi tiempo». Todas estas situaciones se procesan como rechazos profundos.

Cuando consideramos estas estadísticas, es fácil ver por qué el rechazo parece ser una epidemia. Nos afecta a todos, así que la pregunta es la siguiente: ¿cuál es el antídoto? A menos que logremos aferrarnos con firmeza a una seguridad profunda en quiénes somos, los sentimientos de rechazo y, por lo tanto, de inutilidad, seguirán acosándonos; sin embargo, saber cuánto Dios nos ama y acepta, y cuán valiosos somos, nos dará la confianza para ser como el apóstol Pablo, a quien no le preocupaba lo que la gente pensara de él, porque sabía que solo Dios podía juzgarlo (1 Corintios 4:3-4).

El temor al rechazo puede conducir a querer agradar a las personas, y tratar de complacer a los demás constantemente es un modo de vivir miserable. Si las personas están arraigadas en el rechazo, esa raíz tiene muchos pequeños brotes que afectan sus vidas, en especial su comportamiento en las relaciones interpersonales.

Si las personas son seguras de sí mismas y tienen confianza, el rechazo tal vez no las afecte mucho; sin embargo, para alguien que es inseguro y busca aceptación y aprobación, ser rechazado provoca sentimientos más intensos de inutilidad y hace que se sienta aún más deficiente que antes. Mi esposo, Dave, es tan seguro de sí mismo que dudo que se dé cuenta si alguien lo rechaza; y, si lo supiera, no le importaría. Por otro lado, yo vengo de un pasado de abuso sexual, abandono, críticas y un divorcio por infidelidad, así que he experimentado una gran cantidad de rechazo que me dejó sintiéndome insegura, además de presentar otros desafíos en mi alma. Debido a todo eso, creo que puedo ayudar a otras personas que están sufriendo por las heridas del rechazo a sanar y ser restauradas.

Sanar del rechazo no es fácil en ningún sentido, pero Dios me ha sanado, y también le sanará a usted si está dispuesto a trabajar con Él.

Estoy muy contenta de colaborar con Ginger Stache en este libro. La invité a escribir conmigo por varias razones. Ginger aporta sus propias experiencias únicas con el rechazo, y juntas, creo que podremos ayudar a más personas todavía. Ella comparte mi urgencia por ver que otros superen las heridas del rechazo, y tiene un hermoso corazón por Dios y por las personas. Ha trabajado con Joyce Meyer Ministries por más de veinte años, actualmente como directora creativa, y aparece conmigo con regularidad en mi programa de televisión *Disfrutando la vida diaria.* Ginger es una excelente escritora y narradora que sabe captar la atención del lector. Es una buena amiga, y sé que usted la apreciará tanto como yo.

No todos se sienten rechazados por las mismas razones, pero todo tipo de rechazo duele. Hay poder en compartir nuestras historias; un poder que puede ayudar a derrotar el plan del enemigo de usar el rechazo para hacer descarrilar el buen plan que Dios tiene para nosotros. En este libro, leerá historias de personas que han enfrentado graves rechazos por diferentes razones, y tal vez se vea reflejado en estas páginas. Sé que las historias que leerá en este libro (incluyendo la mía y la de Ginger) le ayudarán y le animarán. Y le enseñaremos a manejar el rechazo de una manera diferente a como lo haya podido hacer en el pasado.

Me parece interesante que ninguna persona haya sido tan rechazada como lo fue Jesús, pero no hay evidencia bíblica de que esas experiencias lo distrajeran. Tal vez le dolieron, pero no lo suficiente como para desviar su atención de lo que su Padre lo envió a hacer en la tierra. Ciertamente, no permitió que sus sentimientos lo controlaran. Él entendía la naturaleza humana y no dependía de las personas que lo rodeaban (véase Juan 2:24-25). Esto significa que no depositaba más confianza en las personas de la que era prudente. Sabía quién era, de dónde venía y qué había venido a hacer, y eso no cambiaba con la aceptación o el rechazo de los demás.

He descubierto en mi propia vida que, cada vez que Dios estaba por llevarme al siguiente nivel de ministerio, también recibía un rechazo importante por parte de personas a las que amaba y en las que confiaba. Creo que el rechazo es una de las herramientas favoritas del diablo, y la usa para atormentar a las personas e impedirles cumplir su destino. Pero no tiene por qué tener éxito.

En este libro, Ginger y yo deseamos ayudarle a recibir sanidad de las heridas del rechazo, crecer hasta llegar a un punto en el que pueda manejar el rechazo de una manera saludable, y estar lo suficientemente seguro como para saber que Dios le ama y le acepta por completo. Si pone su confianza en Él, siempre cuidará de usted y pondrá a su alrededor personas que le amen y le acepten. Usted puede ser seguro y confiado, y no permitir que lo que otras personas hagan o digan le afecte de manera negativa.

Para ayudarle a aplicar las lecciones que enseña este libro, hemos incluido una sección titulada «Acérquese más» al final de cada capítulo. Estas preguntas están pensadas para invitarle a reflexionar sobre su vida y acercarse a Dios y a su Palabra de maneras que le ayuden a procesar sus experiencias con el rechazo y avanzar hacia la fortaleza, la confianza y la plenitud.

Es hora de que usted disfrute de libertad y sanidad.

PARTE 1

Desechado

Despreciado y rechazado por los hombres, varón de dolores, habituado al sufrimiento. Todos evitaban mirarlo; fue despreciado y no lo estimamos.

Isaías 53:3 NVI

CAPÍTULO 1

Creado para ser aceptado

Joyce y Ginger

En consecuencia, ya que hemos sido justificados mediante la fe, tenemos paz con Dios por medio de nuestro Señor Jesucristo.

Romanos 5:1 NVI

El rechazo duele, y una de las razones por las que es tan doloroso es que fuimos creados por Dios para ser amados y aceptados. La Biblia dice que Dios nos creó a su imagen (Génesis 1:27), y nos diseñó para recibir amor (Juan 3:16), para pertenecer (1 Corintios 3:23), y para su gloria (Isaías 43:7). También nos diseñó para disfrutar del compañerismo (Génesis 2:18). Fuimos creados para ser aceptados; por lo tanto, ser rechazados es una violación de una necesidad inherente que está integrada en nuestros corazones; una parte de lo que somos.

Leer algunas de las definiciones de la palabra *rechazar* revela el dolor profundo que conlleva: «rehusar aceptar»,[3] «echar fuera o desechar»,[4] «tirar por inútil»[5]. Para simplificarlo, en la versión infantil de su diccionario, Merriam-Webster define *rechazar* de esta manera: «tirar algo por ser inútil o insatisfactorio».[6] Estas palabras, por sí solas, pueden causar más daño que la mayoría de los golpes físicos. Estas heridas son profundas.

El rechazo traumático va mucho más allá de herir los sentimientos. Puede que ni siquiera nos demos cuenta de cuánto nos ha moldeado el rechazo y sigue influyendo en nosotros. Es insidioso. Echa raíces y su veneno

> *Puede que no se dé cuenta de cuánto le moldea el rechazo.*

se esparce por todo nuestro sistema. Pero la verdad puede hacernos libres (Juan 8:32).

Cuando hemos recibido a Cristo como nuestro Señor y Salvador, somos hijos de Dios (Juan 1:12; Gálatas 3:26). Él nos ama y nos acepta porque somos sus hijos, y nunca nos rechazará, pero no tenemos esa misma garantía de parte de las personas. Sin embargo, Dios sí nos da las herramientas que necesitamos para basar nuestro *verdadero* valor en Él, y no en la aceptación de los demás. También nos da todo lo que necesitamos para enfrentar el verdadero dolor que llega cuando sí nos rechazan.

¿Siente que otros le necesitan, pero nadie le quiere?

¿Alguna vez ha sentido que todos le necesitan, pero nadie le quiere realmente? El rechazo se presenta de muchas maneras. Un amigo lo traiciona. Un cónyuge es infiel o lo abandona. Lo pasan por alto en la promoción por la que trabajó tanto. Un hijo rechaza su amor. Lo maltratan por su género, color de piel, o etnia. Un padre no lo protege como debería. Incluso puede ser rechazado por causa de Cristo, simplemente por ser cristiano. La lista de maneras y razones por las que puede ser rechazado parece interminable, y el dolor puede ser insoportable.

Todo el mundo experimenta rechazo.

No se trata de *si* experimentará rechazo, sino de *cuándo* sucederá. Todos enfrentamos el rechazo. Usted no está solo en esta lucha. Con la ayuda de

Dios, puede aprender a responder de manera diferente y decidir cuánta influencia permitirá que el rechazo tenga sobre su vida. Tal vez incluso descubra que Dios puede usarlo para su bien.

Jesús mismo vivió el dolor del rechazo. En Él tenemos un refugio seguro, un sumo sacerdote que comprende y se compadece de nosotros (Hebreos 4:15). Él enfrentó el rechazo casi en cada paso. Jesús incluso supo lo que era no sentirse bienvenido y amado por quienes debían conocerlo mejor: la gente de su propio hogar, el pueblo de Nazaret. Mateo 13:57-58 dice que la gente allí no lo aceptó; lo consideraban «sin honra». Este pasaje continúa diciendo que su rechazo tuvo consecuencias, y que Jesús no hizo muchos milagros allí debido a la falta de fe.

Jesús tenía una misión, y sabía que las mismas personas a las que vino a ayudar, junto con los líderes religiosos de su tiempo, estaban decididas a matarlo. Sus propios hermanos querían que hiciera milagros para demostrar quién era, porque ni siquiera ellos creían en Él (Juan 7:4-5). Pedro, uno de los discípulos más cercanos de Jesús, lo negó cuando fue interrogado antes de su crucifixión (Lucas 22:54-62), y otro discípulo llamado Judas literalmente lo vendió (Mateo 26:14-16). ¿Puede imaginar cómo debió haberse sentido? Jesús amaba a sus discípulos y acababa de lavarles los pies (Juan 13:2-5), un gesto de devoción y humildad, y aun así ellos le dieron la espalda. Puede estar seguro de que Él entiende cómo se siente usted cuando es rechazado.

Cuando Jesús envió a sus discípulos de dos en dos a predicar el evangelio, sanar a los enfermos y hacer otros milagros, les dijo que si iban a alguna ciudad y eran rechazados, debían sacudirse el polvo de los pies y seguir adelante a la siguiente (Mateo 10:14). Básicamente, estaba diciendo: «No permitan que su rechazo les impida alcanzar su meta».

Esto también es un gran consuelo:

> «El que los escucha a ustedes, me escucha a mí; el que los rechaza a ustedes, me rechaza a mí y el que me rechaza a mí, rechaza al que me envió».
>
> Lucas 10:16 NVI

Aquí, Jesús está diciendo, en esencia: «No lo tome como algo personal, porque a quien realmente están rechazando es a nuestro Padre celestial, el que me envió».

La Escritura incluye muchas otras referencias a momentos en que Jesús enfrentó el rechazo, como:

> «Despreciado y rechazado por los hombres, varón de dolores, habituado al sufrimiento. Todos evitaban mirarlo; fue despreciado y no lo estimamos».
>
> Isaías 53:3 NVI

> «Él estaba en el mundo, y el mundo fue hecho por medio de Él, y el mundo no lo conoció. A lo Suyo vino, y los Suyos no lo recibieron».
>
> Juan 1:10–11 NBLA

> «Si el mundo los odia, sepan que me ha odiado a Mí antes que a ustedes».
>
> Juan 15:18 NBLA

> «La piedra que desecharon los constructores ha llegado a ser la piedra angular».
>
> Salmos 118:22 NVI

Sin lugar a dudas, Jesús conoce íntimamente el dolor del rechazo. Dios no nos dice que simplemente «lo superemos». Su corazón se duele junto con el nuestro. Él recoge nuestras lágrimas y sana nuestras heridas (Salmos 56:8; 147:3). Él es nuestro sanador.

Hay alguien que nunca nos rechaza

Usted ha sido escogido por Dios.

Usted verdaderamente fue creado para ser aceptado. Ha sido escogido por Dios y es su amigo. Es muy especial para Él. *Nunca* le rechazará. Los versículos a continuación le aseguran esto:

> «Ya no los llamo siervos, porque el siervo no está al tanto de lo que hace su amo; los he llamado amigos, porque todo lo que a mi Padre le oí decir se lo he dado a conocer a ustedes. No me escogieron ustedes a mí, sino que yo los escogí a ustedes y los comisioné para que vayan y den fruto, un fruto que

perdure. Así el Padre les dará todo lo que pidan en mi nombre».

Juan 15:15-16 NVI

«Incluso antes de haber hecho el mundo, Dios nos amó y nos eligió [nos seleccionó para ser hechos suyos] en Cristo para que seamos santos [consagrados y apartados para él] e intachables a sus ojos que nos miran con amor».

Efesios 1:4 AMPC, Traducción Libre

«Sabemos, amados hermanos, que Dios los ama y los ha elegido para que sean su pueblo».

1 Tesalonicenses 1:4 NTV

Tómese un tiempo cada mañana para pensar en lo mucho que Dios le ama y le acepta. Incluso dedicar solo un poco de tiempo a esto puede marcar una gran diferencia. Él nos ama, pero debemos recibir su amor para experimentarlo de manera personal. Dios no nos ama porque lo merezcamos, sino porque Él quiere hacerlo. Dios es amor, y todo lo que hace en nuestras vidas lo hace por amor, incluso si no entendemos cómo está obrando. Él no causa que las personas nos lastimen, pero si eso ocurre y confiamos en Él, entonces todo ayudará para bien (Romanos 8:28).

Como fuimos creados para ser amados, valorados y aceptados, ser rechazados duele; pero podemos decidir no permitir que eso nos destruya. Cuando se sienta rechazado por alguien, recuerde que usted es especial y escogido por Dios y que Él le considera su amigo. Esto es mucho mejor que estar rodeado de amistades superficiales. Él es un amigo más unido que un hermano (Proverbios 18:24).

Usted es un deleite

Dios no solo le ama y le considera su amigo, sino que también se deleita en usted. Esta es una revelación muy hermosa. Nos gusta decir que usted hace sonreír a Dios. Incluso podríamos decir que hace que le brillen los ojos. Si *rechazar* significa «desechar por inútil o insatisfactorio», como se definió anteriormente, la palabra opuesta podría ser *deleitarse*. Merriam-Webster define *deleite* como «un alto grado de satisfacción o placer: gozo» y «satisfacción extrema».[7] La Biblia dice que Dios se deleita en usted.

Dios se deleita en usted.

> «Pues el Señor tu Dios vive en medio de ti. Él es un poderoso salvador. Se deleitará en ti con alegría. Con su amor calmará todos tus temores. Se gozará por ti con cantos de alegría».
>
> Sofonías 3:17 NTV

> «Me condujo a un lugar seguro; me rescató porque en mí se deleita».
>
> Salmos 18:19 NTV

Y Miqueas 7:18 NTV nos dice, refiriéndose a Dios: «tú te deleitas en mostrar tu amor inagotable». Su amor exuberante por usted es firme.

También es cierto que, cuando nos deleitamos en el Señor (cuando disfrutamos de quién es Él, descansamos en su cuidado amoroso y saboreamos el pasar tiempo con Él), Él promete concedernos los deseos de nuestro corazón (Salmos 37:4). No se trata de deseos frívolos; Él satisfará las necesidades más profundas de nuestra alma, incluyendo la sanidad que nuestro corazón anhela.

Es reconfortante saber que Dios nos ama, pero a veces necesitamos un toque humano. Dios obra a través de las personas, y yo (Joyce) he aprendido a recibir cada cumplido que me hacen (cada favor, cada regalo y cada muestra de amabilidad) como si viniera de parte de Dios.

Recientemente, Dave tropezó con la alfombra y cayó sobre una pequeña mesa de vidrio. El vidrio no se rompió y él no se lastimó en absoluto. No dijo: «Vaya, qué suerte que no me hice daño». Dijo: «Los ángeles de Dios estaban a mi alrededor protegiéndome». Demos a Dios el crédito por lo que hace en lugar de llamar a su obra «suerte» o «coincidencia». Esté atento, porque Él está obrando en su vida.

También queremos animarle a esperar que pasen cosas buenas en su vida. Trate de ser consciente y estar atento al amor de Dios (1 Juan 4:16). Observe todas las cosas aparentemente pequeñas que Él hace en su vida, y eso le animará; una oración contestada, un pequeño favor, encontrar un lugar de estacionamiento justamente frente a una tienda cuando el estacionamiento está lleno y llueve a cántaros. ¿Son coincidencias? No lo creemos. Creemos que son guiños de Dios para hacerle saber que Él le está cuidando.

No se separe del amor de Dios

Evite caer en la trampa del rechazo.

El rechazo toca nuestras vidas y deja su huella de muchas maneras. Cuando el cónyuge de una persona se va, quien queda atrás experimenta rechazo, y eso duele. Cuando los niños crecen sin el amor de uno de sus padres se sienten heridos, y esto a menudo afecta su personalidad y sus relaciones de manera negativa. Pueden ser inseguros, carecer de confianza, sentirse enojados sin saber por qué, o convertirse en personas que intentan complacer a todos en un esfuerzo por ser amados en lugar de rechazados. Algunos rechazos pueden ser malinterpretados, imaginados, o estar arraigados en la autoprotección, como resultado de las heridas de rechazos anteriores. En este libro trataremos de abordar estos temas y más, y le daremos las herramientas que necesita para evitar caer en la trampa que el diablo ha puesto para usted: la trampa del rechazo. Juntos, descubriremos un camino que conduce del desamor al valor, de la traición a la superación, de los secretos dolorosos a la libertad, y de la inseguridad a la aceptación y el valor.

Aquí y ahora, comencemos con esta determinación

importante: no permitiremos que el rechazo nos separe de nuestra verdadera fuente de aceptación y amor. Lo primero que usted debe hacer ante cualquier rechazo o decepción con las personas es recordar cuánto le ama Dios y negarse a permitir que algo le separe de su amor. Vuélvase a Dios y pídale que le consuele. Él es el Consolador, y puede calmarle como nadie más puede hacerlo (2 Corintios 1:3-4).

Lea con atención estas palabras de Romanos 8:35–39 NTV:

> «¿Acaso hay algo que pueda separarnos del amor de Cristo? ¿Será que él ya no nos ama si tenemos problemas o aflicciones, si somos perseguidos o pasamos hambre o estamos en la miseria o en peligro o bajo amenaza de muerte? (Como dicen las Escrituras: «Por tu causa nos matan cada día; nos tratan como a ovejas en el matadero»). Claro que no, a pesar de todas estas cosas, nuestra victoria es absoluta por medio de Cristo, quien nos amó.
>
> Y estoy convencido de que nada podrá jamás separarnos del amor de Dios. Ni la muerte ni la vida, ni ángeles ni demonios, ni nuestros temores de hoy ni nuestras preocupaciones de mañana. Ni siquiera los poderes del infierno pueden separarnos del amor de Dios. Ningún poder en las alturas ni en las profundidades, de hecho, nada en toda la creación podrá jamás separarnos del amor de Dios, que está revelado en Cristo Jesús nuestro Señor».

Considere leer este pasaje varias veces, y permita que la verdad que contiene penetre en su alma. Que le recuerde que no debe permitir que el dolor que siente actualmente le separe del conocimiento de que Dios le ama en Cristo Jesús.

A medida que lea este libro, tómese su tiempo y reflexione sobre las cosas que compartimos. Muy a menudo en la vida tenemos tanta prisa por terminar, que nos perdemos lo importante del viaje. Tómese el tiempo para meditar en la verdad de que usted es aceptado por Dios.

Dios le dice al profeta Jeremías en el Antiguo Testamento:

> «Antes de formarte en el vientre, ya te había elegido; antes de que nacieras, ya te había apartado; te había nombrado profeta para las naciones».
>
> Jeremías 1:5 NVI

Jeremías fue predestinado para una buena obra, pero podría haberla rechazado. Dios le dijo cuál era su voluntad, y aunque Jeremías era inseguro y sentía que era demasiado joven (Jeremías 1:6), dio un paso de fe para cumplir la palabra de Dios.

Lo mismo es cierto para nosotros. Dios ha predestinado y preordenado una buena vida para nosotros a fin de que andemos en ella. Esto normalmente requiere dar un paso de fe. Efesios 2:10 (AMPC, traducción libre) dice:

> «Pues somos la obra maestra de Dios. Él nos creó de nuevo en Cristo Jesús [hemos nacido de nuevo], a fin

de que hagamos las cosas buenas [recorrer los caminos] que preparó para nosotros tiempo atrás [vivir la buena vida que él preparó para que vivamos]».

Mantenga los ojos puestos en Jesús

Aunque usted pueda estar experimentando rechazo en alguna área de su vida en este momento, Dios también está haciendo muchas cosas buenas en su vida. Mantenga sus ojos en las cosas buenas en lugar de estar dándole vueltas al rechazo. Confiese en voz alta las cosas buenas que la Biblia dice sobre usted; declaraciones positivas basadas en la Escritura, como:

- «Soy aceptado por Dios» (véase Juan 6:37).
- «Dios me ama incondicionalmente» (véase Romanos 5:8).
- «No tengo que tener miedo, porque Dios siempre está conmigo» (véase Isaías 41:10).
- «Dios está obrando actualmente en mi vida y sanando todas mis heridas» (véase Salmos 147:3).
- «Dios me concede favor con las personas correctas» (véase Salmos 5:12).

Repetir estas verdades aumentará su fe, y como la Palabra de Dios tiene poder sanador, le ayudará en su proceso de sanidad. Quizá usted se ha sentido descartado, pasado por alto o apartado. Tal vez fue traicionado brutalmente o ha perdido una relación que significaba mucho para usted. Lo lamentamos profundamente. Sabemos que duele. Este camino de sanidad es difícil. Requiere tiempo y determinación, pero vale la pena luchar. La Palabra de Dios es medicina para nuestras almas heridas. Es lo que Dios usa para enseñarnos la verdad y sanarnos, y Él la usará también en su vida. Su Palabra le da esperanza cuando a usted le falta.

Acérquese más

1. Considere cuidadosamente por qué tomó este libro. Reflexione sin temor y con sinceridad sobre las maneras en que ha experimentado el rechazo.

   ____

   ____

2. ¿Qué significa para usted saber que fue creado por Dios para ser aceptado? ¿En qué sentido alivia eso cualquier vergüenza o culpa que haya sentido por el dolor del rechazo?

   ____

   ____

3. Responda a la pregunta: «¿Alguna vez ha sentido que todos le necesitan, pero nadie realmente le quiere?». ¿Qué impacto tiene esta pregunta en usted?

   ____

   ____

4. ¿Qué significa para usted que Jesús experimentó el rechazo, así como usted lo ha experimentado?

Teniendo eso en cuenta, ¿por qué son importantes para usted estos versículos?

- Isaías 53:3

  ___

  ___

- Mateo 13:57-58

  ___

  ___

- Juan 7:4-5

  ___

  ___

- Juan 1:10-11

  ___

  ___

5. ¿Cómo cambia la manera en que usted se ve a sí mismo al darse cuenta de que Dios le ha escogido, dice que es su amigo, y se deleita en usted?

   ___

   ___

6. El rechazo intenta separarle del amor de Dios. Escriba algunas maneras en las que mantendrá la verdad del asombroso amor de Dios en el primer plano de sus pensamientos.

   ___

   ___

CAPÍTULO 2

Mi historia

Joyce

Aunque mi padre y mi madre me abandonen,
el Señor me acogerá.

Salmos 27:10 NVI

Aunque Dios nos creó para ser aceptados, todos experimentamos el rechazo a medida que avanzamos en la vida y convivimos con otras personas. El rechazo causa el mayor daño a nuestra alma cuando proviene de personas a las que amamos, en quienes confiamos, y de quienes esperamos amor y cuidado. Cuando no nos importa una persona o no la necesitamos en algún sentido, no nos afecta tan profundamente que nos rechace; pero cuando una persona ocupa un lugar importante en nuestra vida y nos rechaza o maltrata, el dolor es intenso.

El rechazo adopta muchas formas. Es mucho más que simplemente encontrarse con alguien a quien usted no le agrada o que no desea tenerle cerca. Las siguientes son solo algunas de las maneras en que el rechazo puede manifestarse en la vida de una persona:

- abuso de cualquier tipo, incluyendo el emocional, verbal, físico y sexual
- abandono
- no recibir atención a necesidades básicas o legítimas
- ser ignorado o pasado por alto
- ser menospreciado o no respetado
- ser excluido o echarle a un lado
- ser traicionado
- no ser escuchado ni tomado en serio

- no ser protegido
- ser el blanco de la ira o el enojo de alguien
- ser objeto de burlas, mofas o ridículo
- ser juzgado, criticado o falsamente acusado

Yo he experimentado todo lo de la lista anterior, y tal vez usted también. Algunas experiencias de rechazo son menores y otras son mayores, lo que significa que algunas no parecen afectarnos mucho mientras que otras son rechazos que nos cambian la vida y requieren mucha sanidad, quizá durante un largo periodo de tiempo. Recuerdo una experiencia en particular que parece pequeña comparada con otras cosas que me sucedieron, pero que tuvo un gran impacto en mi alma.

Un año, cuando estaba en la escuela primaria, mis compañeros y yo nos disfrazamos para Halloween. La mayoría de las niñas de mi clase se vistieron de hadas, princesas, u otra cosa que se consideraba hermosa. A mi padre nunca le gustaba gastar dinero en cosas como disfraces de Halloween, así que mi mamá me compró una máscara de lobo barata y fea, de goma. Todavía recuerdo el dolor que sentí al ver lo lindas que se veían las otras niñas con sus disfraces y soportar que se burlaran de mí, «el lobo feo». Incluso recuerdo haberme escondido en un rincón del patio de la escuela, esperando que no me vieran. Eso dolió, y todavía recuerdo ese dolor hoy.

También he experimentado el rechazo de maneras más impactantes, y quiero dedicar el resto de este capítulo a compartir cinco situaciones que me afectaron significativamente. Si puede identificarse de alguna manera con algo de lo que yo he vivido, espero y oro para que, al leer mi historia, usted se llene de esperanza sabiendo que Dios puede sanarle, restaurarle y darle libertad para vivir una vida maravillosa, tal como Él lo ha hecho conmigo.

Abuso sexual

La primera persona que me rechazó fue mi papá. Lo interesante es que su rechazo no lo hizo apartarme de su vida, ignorarme, hacer como que yo no existía o intentar evitar relacionarse conmigo. Fue peor. Esta forma específica de rechazo era de una perversión extrema; me rechazó atrayéndome al *tipo incorrecto* de relación. Ser pasada por alto o ignorada hubiera sido mejor que lo que realmente ocurrió: años de intimidación, control, y lo peor de todo, abuso sexual.

Mi padre tenía un problema con la lujuria, y comenzó a acosarme antes de que yo tuviera edad suficiente para ir a la escuela, según puedo recordar. No estoy segura de cuántos años tenía yo, porque eso es lo único que recuerdo de mi relación con él. Cuando entré en la escuela primaria, él ya me mostraba pornografía y establecía un vínculo emocional conmigo, engañándome para ser su pareja sexual. Cuando crecí, el abuso se intensificó hasta que llegó un punto en el que él tenía relaciones conmigo de manera regular. El abuso continuó hasta que tuve dieciocho años y me fui de casa.

Cuando trato de pensar en mi infancia, lo que más

recuerdo es que tenía miedo todo el tiempo. Miedo de que mi papá lo hiciera otra vez. Miedo de que mi mamá se enterara. Que ella se enterara me asustaba, porque mi papá me había amenazado para que no se lo dijera. Me decía que lo que estaba haciendo era «amor», así que yo no entendía por qué tenía que ser un secreto. Sabía que aquello no estaba bien, pero no sabía exactamente qué hacer al respecto. Fui rechazada como hija. No recuerdo haber tenido la oportunidad de ser una niña. *Nunca* me sentí segura.

> *"Cuando pienso en mi infancia, recuerdo que siempre tenía miedo".*

Necesidades no suplidas

Lo siguiente que me hizo sentir rechazada ocurrió algunos años después, cuando le conté a mi mamá lo que mi papá me estaba haciendo. Cuando ella lo confrontó, él le dijo que yo estaba mintiendo y ella eligió creerle, aunque creo que sabía que yo decía la verdad. Yo tenía una necesidad básica y legítima de protección y mi mamá la ignoró por completo, dejándome sufrir enormemente.

Cuando tenía alrededor de catorce años, mi mamá había ido al supermercado y regresó a casa antes de lo esperado. Sorprendió a mi papá en la cama conmigo, y en secreto suspiré aliviada, convencida de que ahora ella haría algo para ayudarme. En lugar de eso, salió de la casa, regresó dos horas después, y nunca volvió a hablar de ello.

¡Yo estaba devastada!

¿Cómo es posible que una madre sepa que su esposo estaba teniendo sexo con su hija y no hiciera nada? La única excusa que ella puso fue unos treinta años después cuando me dijo: «Perdóname por lo que permití que te hiciera tu padre. No podía hacerle frente al escándalo». Ni siquiera tengo palabras para expresar cuán decepcionada me quedé.

Poco tiempo después, les pedí ayuda a una tía y un tío, pero no quisieron involucrarse. No tenía amigos porque no se me permitía participar en actividades de la escuela salvo asistir a las clases. Mi padre me controlaba y me aislaba de los demás en gran medida, y puedo decir con sinceridad que, cuando comprendí que mi mamá y mis familiares no iban a ayudarme, simplemente dejé de pensar que algún día saldría de esa situación hasta que fuera lo suficientemente mayor para irme de casa. En ese momento, decidí que debía sobrevivir.

"Decidí que debía sobrevivir".

Podría contarle cientos de detalles horribles, pero simplemente quiero decir que desde temprana edad mi vida estuvo arraigada en el rechazo. Y, hasta que llegué a los cuarenta y tantos años, todo el fruto de mi vida estuvo marcado por ese rechazo. Ni siquiera sabía que era eso con lo que estaba lidiando; simplemente llegué a un punto en el que supe que tenía que alejarme de ello.

Me fui de casa cuando tenía dieciocho años, después

de conseguir un empleo. Empaqué mis pocas pertenencias mientras mi papá estaba en el trabajo y me mudé a un apartamento que había rentado. Creía que había dejado atrás mi problema, sin darme cuenta de que me lo había llevado conmigo en el alma.

Abandono y divorcio

A los dieciocho años me casé con el primer joven que mostró algún interés en mí. Esta relación fue un desastre, y produjo aún más rechazo a mi vida. Mi primer esposo estaba más perturbado que yo, solo que de maneras diferentes. Me abandonó repetidamente, dos veces mientras estábamos fuera de la ciudad, lo cual significó que tuve que regresar a la casa sola en autobús. Dudo que pueda contar siquiera la cantidad de veces que simplemente no regresó a casa y desapareció durante dos o tres meses. Luego, con el tiempo, regresaba y me decía lo equivocado que había estado y cuánto me amaba. Yo siempre lo creía y lo aceptaba de nuevo, porque el patrón de abuso y rechazo que ya había experimentado en casa de mis padres había destruido mi creencia de que merecía algo mejor.

Me dejó mientras estaba embarazada, pero regresó después de que nació el bebé. Estuvimos juntos de nuevo solo un corto tiempo antes de que se fuera a vivir con otra mujer. Para entonces, ya no podía más y me divorcié de él. Los cinco años que estuve casada con él consistieron en un rechazo tras otro.

Rechazo en el ministerio

El siguiente gran rechazo que experimenté tuvo lugar años más tarde, cuando Dios me llamó al ministerio. Para entonces, ya me había casado con Dave y tenía tres hijos. Estaba muy emocionada por el llamado de Dios a enseñar su Palabra y esperaba que los demás se alegraran por mí, pero lo que sucedió fue muy distinto. Nos pidieron a Dave y a mí que nos fuéramos de nuestra iglesia. Todos nuestros amigos (excepto dos que puedo recordar) nos rechazaron, y con un par de excepciones, los miembros de nuestra familia extendida también nos rechazaron.

Me dijeron que no podía enseñar porque no tenía la educación ni la personalidad adecuada, y porque era mujer. Yo no había previsto que nada de eso podría ser un problema, porque Dios me había ungido para enseñar y yo simplemente trataba de hacer lo que creía que Él quería que hiciera. Todas estas experiencias de rechazo fueron muy, muy dolorosas. Cuando miro atrás y recuerdo cuán dolorosos fueron esos tiempos, sé que Dios debió darme la gracia para resistir y no ceder ante el deseo de la gente de que hiciera lo que ellos querían, en lugar de seguir lo que creía que era la voluntad de Dios.

El rechazo que me hizo ser libre

El quinto gran rechazo que mencionaré ocurrió después de estar en el ministerio durante aproximadamente diez años. Pasé varios años enseñando dos estudios bíblicos cada semana, con alrededor de veinticinco a treinta personas en asistencia. Luego, fui miembro del personal de la iglesia durante varios años; me convertí en pastora asociada, docente de la universidad bíblica y líder del ministerio de mujeres. También dirigía una reunión semanal de mujeres, a la que asistían unas cuatrocientas mujeres.

Con el tiempo sentí que Dios quería que dejara mi puesto en la iglesia y comenzara Joyce Meyer Ministries. Tenía un profundo deseo de enseñar en muchos lugares, no solo en uno, y quería escribir libros; pero mi pastor me dijo que no podía hacerlo. Él sentía que debía comprometerme con su visión si quería trabajar en la iglesia; y tenía razón.

Aunque quería dejar mi trabajo para comenzar mi propio ministerio, y aunque Dave también creía que debía irme, esperé dos años antes de dejarlo. Simplemente no tuve la valentía de hacerlo antes, y el miedo me frenaba. Creo que mi desobediencia (no irme cuando sabía que debía hacerlo) abrió una puerta para que el diablo viniera contra mí con un gran ataque de rechazo. Varias mujeres que trabajaban conmigo en el ministerio de mujeres se volvieron en mi contra y me acusaron de cosas que no eran verdad. Su rechazo me dolió tanto que me tomó tres años superarlo. Sin embargo, Dios lo usó para sacarme de ese trabajo, lo cual condujo a lo que hoy conocemos como Joyce Meyer Ministries.

> *El rechazo duele profundamente.*

Después de no tener ya la seguridad del trabajo en la iglesia, tenía miedo todo el tiempo: miedo de que no tuviéramos suficiente dinero para vivir, miedo de que nadie asistiera a las reuniones que estaba teniendo en mi casa y en los alrededores de St. Louis, y miedo de que la gente no me aceptara ni me quisiera. Vivía con temor, pero me di cuenta de que ese temor era el fruto del rechazo que estaba profundamente arraigado en mi alma. Estaba lidiando con todo el rechazo que ocurrió cuando dejé mi trabajo mientras intentaba comenzar un nuevo ministerio, y fue muy difícil y emocionalmente doloroso. Pero también estaba decidida a no tirar la toalla, y la gracia de Dios estuvo presente para permitirme seguir adelante y no rendirme.

Todo el abuso y el rechazo que experimenté influyeron en mi vida de maneras significativas y me dejaron con muchas heridas. Tuve muchos problemas emocionales y relacionales, pero siempre culpaba a los demás. Cuando Dios comenzó a abrir mis ojos a la verdad de que yo tenía problemas, me sorprendió.

Como mencioné, después de mi divorcio conocí a Dave y me casé con él. Esto fue en 1967. Él era exactamente lo que necesitaba. Aun así, traté de culparlo de todos mis problemas. Siempre pensaba que, si él me tratara mejor, me prestara más atención, o pasara todo su tiempo libre conmigo, entonces sería feliz; pero la verdad era que nada iba a hacerme feliz hasta que dejara que Dios obrara en mi vida y sanara mi alma herida.

Como puede ver, experimenté muchos rechazos graves, cualquiera de los cuales podría haberme desviado de mi verdadero propósito. Pero esos rechazos no fueron el final de mi historia. Dios redimió mi dolor y pudo usarlo para su gloria y para ayudar a otros. Mi vida podría haber tomado una dirección completamente diferente, pero me alegra mucho no haber permitido que el rechazo impidiera que Dios trabajara en mí como Él deseaba. Me negué a dejar que el rechazo me definiera, y Dios tenía planes mucho mejores. ¡Él también los tiene para usted!

Acérquese más

1. ¿En qué sentido se identifica con la historia de Joyce?

   ____

   ____

2. La mamá de Joyce no hizo nada cuando Joyce necesitaba ayuda y la abandonó en el abuso. ¿En qué sentido le ha marcado a usted el haber sufrido abandono?

   ____

   ____

3. Joyce dice que vivía con miedo. ¿Qué papel, si aplica, ha jugado el miedo en su vida?

   ____

   ____

4. Joyce escribe que culpaba a Dave de sus problemas, pero finalmente aprendió que «nada iba a hacerme feliz hasta que dejara que Dios obrara en mi vida y

sanara mi alma herida». ¿Por qué es cierto que nada nos hace felices si Dios no trabaja en nuestras vidas y trae sanidad?

____

____

5. Ni siquiera el rechazo devastador que experimentó Joyce pudo impedir que al final experimentara el plan maravilloso que Dios tenía para ella. ¿Qué le dicen estos versículos acerca del plan que Dios tiene para su vida?

    - Isaías 14:27

    ____

    ____

    - Isaías 54:17

    ____

    ____

    - Romanos 8:28

    ____

    ____

CAPÍTULO 3

Mi historia

Ginger

Hasta mi amigo cercano, en quien yo confiaba y que compartía el pan conmigo, se ha vuelto contra mí.

Salmos 41:9 NVI

Yo no nací rodeada de rechazo como Joyce, pero el rechazo me encontró. Y, cuando lo hizo, me golpeó como un puñetazo en el estómago. Nunca olvidaré *ese* día: el día en que llegué a conocer el rechazo a un nivel completamente nuevo. Tal vez debería haberlo visto llegar, pero no lo hice, y ese día cambió muchos aspectos de mi vida. Decir que me destrozó el corazón sería suavizarlo mucho. Este golpe inesperado fue como una acusación escandalosa de todo lo que yo no era, una prueba de mi falta de valía, y un enorme «te lo dije» de inseguridades latentes que buscaban una oportunidad para salir a la superficie.

Por supuesto, ya había experimentado el rechazo antes. Todos nos encontramos con él en algún momento, pero antes de eso no me había afectado tan severamente como ese día. Si yo le caía bien a alguien, ¡genial! Si no, también estaba bien. Dios me bendijo con una personalidad segura de mí misma por naturaleza. Según yo lo veía, si alguien me rechazaba, esa persona se estaba perdiendo una amiga fiel y mucha diversión, aunque esté feo que lo diga yo.

Verá, me criaron para saber quién soy según lo que dice Dios en su Palabra (gracias, mamá y papá), y esa verdad prevalecía sobre lo que otras personas decidieran creer sobre mí, así como sus dardos de rechazo. Al menos *fue así* hasta el sorprendente día en que descubrí que mi esposo había estado ocultando un oscuro secreto por años. En ese momento, mi percepción de la realidad explotó como un globo, y mientras el aire escapaba, también se esfumó mi ilusión de seguridad.

Creía que lo conocía

Tim y yo fuimos novios en la universidad. Aunque éramos opuestos en muchos aspectos, nos reíamos mucho, pasábamos la mayor parte de nuestro tiempo juntos, y no podíamos imaginar un futuro separados. Éramos los mejores amigos y estábamos muy enamorados; por lo tanto, después de graduarnos, nos casamos y nos mudamos fuera del estado para comenzar nuestras carreras profesionales: él como ingeniero industrial y yo en televisión.

Quince años más tarde, habíamos construido un matrimonio feliz. Estábamos rodeados de buenos amigos, asistíamos a una iglesia que amábamos, y habíamos sido bendecidos con dos hermosas hijas. Yo pensaba que lo conocía y que conocía nuestra vida juntos por dentro y por fuera; pero cuando su adicción a la pornografía salió a la luz, se hizo evidente que la relación que pensaba que compartíamos era solamente una fachada.

Él se había vuelto más irritable y se enojaba fácilmente. Estaba claro que algo lo estaba molestando. Cuando le pregunté, dijo que no era nada. Entonces, ese día fatídico, caminé hasta el buzón y, entre las facturas y los correos basura, encontré pornografía. Estaba etiquetada con el nombre de Tim y nuestra dirección postal.

Se lo llevé, y él negó saber de dónde había podido llegar. Discutimos, y yo me alejé furiosa. Aproximadamente veinte minutos después, él vino a mí con lágrimas corriendo por su rostro y me contó toda la verdad. Había estado atrapado en la pornografía desde que era solo un niño. Me contó lo mucho que odiaba el control que tenía sobre él, y que lo había ocultado toda su vida. No sabía exactamente cómo ese correo llegó hasta nuestra casa, pero sus actividades en el internet debieron de pasarle factura de alguna manera. La culpa y la vergüenza lo estaban devorando. Dijo que ya no podía soportarlo más.

El rechazo puede hacerle sentir sorprendido y tonto.

Su traición me golpeó como un camión de dieciocho ruedas, derribándome al piso y haciendo que cuestionara casi todo lo que pensaba que era cierto. Mi capacidad para confiar, el futuro que pensaba que compartiríamos y, en un giro sorprendente, mi confianza, fueron víctimas: aplastadas bajo el peso de ese secreto. En aquel momento, no tenía absolutamente nada de empatía por él. Me sentí traicionada y enojada, sorprendida y tonta, devastada y rechazada. *Profundamente* rechazada.

Enfóquese en quien Dios dice que usted es.

Pocos de nosotros somos inmunes al poder del rechazo. Incluso las personas más seguras de sí mismas desean aceptación, y duele profundamente cuando las personas nos engañan y nos traicionan. En retrospectiva, me doy cuenta de que nunca había experimentado el brutal rechazo de alguien tan cercano, alguien a quien amaba tanto. Esto fue muy diferente. Este rechazo vino de manos del hombre con el que compartía todos los aspectos de mi vida, el que me conocía como nadie más, y que había prometido amarme por encima de todo; sin embargo, me había mentido durante años. Eligió imágenes vacías y sin alma por encima de mí, y el engaño por encima de nuestra familia y todo lo que compartimos juntos.

Caí en espiral durante mucho tiempo, sumida en el dolor y alimentando la ira hasta convertirla en furia. Cuando su cónyuge vive con una adicción a la pornografía, el daño no se limita a esa persona. Otros también serán derribados por las olas de destrucción. Cuando descubrí la verdad, esas olas golpearon como si fueran un tsunami. Cuando la primera ola de indignación finalmente pasó, dejó tras de sí mares de emociones turbulentas, que iban y venían con sentimientos que yo no sabía cómo manejar. He seguido a Cristo toda mi vida. Soy una cristiana con los pies en la tierra que ama a Jesús con todo mi corazón; sin embargo, ahí estaba luchando por enfocarme en quien Dios dice que soy mientras lidiaba con el rechazo de la persona a la que más amaba.

Las preguntas llenaban mi mente.

- ¿Era *todo* una mentira?
- ¿Cómo podría confiar en él nuevamente? ¿Cómo podría confiar en cualquier persona?

- ¿Qué hago ahora? ¿Qué pasa con nuestra familia?
- ¿Cómo pudo Dios dejar que esto nos pasara?

Estaba atrapada en esos mares turbulentos, flotando de la rabia a la tristeza y luego lanzada de nuevo a nuevos niveles de furia. Sentía como si me estuviera ahogando. Desilusión, dolor, vergüenza... las emociones me devoraban. Tim era mi mejor amigo, y eso también se había ido.

Soy una mujer inteligente; ¿cómo pude haber estado tan equivocada? No estoy segura de que alguien que no haya experimentado estas circunstancias pueda entender la profundidad de la traición. Algunas personas me dijeron que no era tan grave, que «todos los hombres lo hacen». Claramente, esas personas no tenían ni idea de los estragos que la adicción puede causar en nosotros y en nuestras relaciones. Otros reaccionaron con tal repulsión que me sentí manchada y rechazada por el comportamiento de mi esposo. Fue mortificante.

¿Podré superar esto?, me preguntaba. *¿Estoy exagerando?* Estas preguntas seguían atormentándome.

Tenía muchas decisiones que tomar y una vida que reconstruir de alguna manera, y no sabía cómo iba a hacerlo. Jesús dice en Mateo 5:28 que, si alguien mira a una mujer con lujuria, ya ha cometido adulterio con ella en su corazón. Un estilo de vida secreto de pornografía es uno de mentiras y lujuria, así que llamémoslo por su nombre: mi esposo fue infiel. Tuvimos conversaciones terribles, y tuve que hacerle preguntas que nunca imaginé que tendría que hacerle a él. Detalles que necesitaba saber, pero que nunca pude olvidar. Fue un camino largo, tortuoso y feo.

Decisiones

Con el tiempo, cuando comencé a recuperar el rumbo, me di cuenta de que solo tenía un par de opciones. Esta situación no se trataba solo de mi matrimonio; se trataba de *mí*. Podía permitir que ese rechazo abrasador causara estragos en mi vida, tal como el enemigo quería, desviándome del camino, quizá incluso fallando a mis hijas y alejándome del llamado de Dios para mi vida. *O* podía permitir que Dios me ayudara a avanzar, a sanar, a revelarme lo que tenía preparado para mí y, tal vez, incluso fortalecerme en medio de todo eso. Sabía que el segundo camino era la opción correcta para mí. Y Dios ha cumplido. Me ha enseñado muchas cosas, incluido dónde encontrar *verdadera* seguridad. Ahora sé cómo defenderme del rechazo. El rechazo aún duele cuando llega, pero tiene mucho menos poder sobre mí del que tenía antes.

Aprenda a defenderse del rechazo.

Quiero eso para usted también. Si está pasando por la devastación de la traición, la adicción de un ser querido, el abandono, o cualquier otra experiencia de rechazo que destruya el alma, lo lamento mucho. El dolor es casi imposible de describir. Dios ha declarado que dos personas en un matrimonio sean una sola carne (Génesis 2:24), por lo que cuando uno es desleal, es una sacudida y se siente un poco como si una de sus propias manos lo golpeara en la cara. Queda con las profundas heridas de un daño emocional y relacional. Incluso después de que esas heridas sanen (y sí, pueden sanar) quedan algunas cicatrices. Lo sé porque yo llevo esas cicatrices.

Por un tiempo, pensé que esta traición y el rechazo que experimenté eran el fin de mi mundo. No lo fueron. Y tampoco lo será para usted.

No escribo esto porque esté enojada. ¡Oh, sí que lo estaba! Pero ya no lo estoy. Escribo para decirle que usted no está solo. Escribo porque muchos de nosotros necesitamos ayuda y libertad. No debería tener que esconderse entre las sombras del rechazo, la vergüenza y la humillación. Escribo para decirle que, incluso con la pesadilla que puede estar atravesando, hay días mejores en su futuro.

Ahora puedo decir que estoy agradecida por ese día fatídico y lo que encontré en el buzón del correo. No tengo ninguna duda de que fue la mano de Dios revelando el secreto. No me alegra que hayamos tenido que pasar por todo ese desastre, pero sí agradezco estar libre de él. Jesús dice en Juan 8:32 que la verdad nos hará libres. Y Jesús dijo, citando al profeta Isaías del Antiguo Testamento:

> «[Dios] Me ha enviado a proclamar libertad a los cautivos y dar vista a los ciegos, a poner en libertad a los oprimidos».
>
> Lucas 4:18 NVI

En la luz hay sanidad.

Jesús vino a liberarnos; a salvarnos de la decepción y las mentiras, de la adicción, el cautiverio, y todo tipo de rechazo. Yo había estado ciega y Él me dio vista. Descubrir lo que estaba sucediendo en nuestro hogar dolió increíblemente, pero prefiero caminar en la luz de la verdad que permanecer en la oscuridad de los secretos. En la luz hay sanidad.

Comparto mi viaje con la oración de que algo que aprendí ayude a otros a sobrevivir a la tormenta y ofrezca esperanza. Han pasado muchos años desde el día en que mi mundo se desplomó, y Dios ha traído restauración y sanidad a mi vida, a Tim, y a nuestro matrimonio. Nuestra relación es más fuerte ahora que nunca, pero para llegar aquí tuvimos que pasar por muchas lágrimas, oración, consejería, y una honestidad seria.

Esto puede sonar duro, pero también creo que si las cosas hubieran salido de manera diferente, si Tim no hubiera luchado tan duro como lo hizo y si al final hubiéramos tomado caminos separados, yo aún estaría bien. Estaría aquí, amando a Dios y sabiendo que Él es el único que nunca me ha rechazado y nunca lo hará.

No soy la misma persona; ese día me cambió. He aprendido mucho. Soy más fuerte y más compasiva, y conozco a Cristo a un nivel más profundo. Si usted se encuentra atravesando un rechazo similar (o cualquier tipo de rechazo), mi oración por usted es que en la historia de Joyce y en la mía, y en estas páginas, también encuentre un nuevo comienzo, un catalizador que lo mueva hacia su sanidad. Las personas nos herirán; las relaciones cambiarán y fallarán, pero no tiene por qué dejar que el rechazo lo defina. Su seguridad no depende de sus circunstancias, ni de las personas en su vida. Dios tiene mucho más para usted. Usted también sanará, crecerá y florecerá al permitir que Dios le sane del rechazo que ha experimentado.

Acérquese más

1. ¿En qué sentido se identifica con la historia de Ginger?

   ____

   ____

2. Piense en la traición y el rechazo que puede haber experimentado. ¿Puede identificarse con los «mares de emociones turbulentas» que describe Ginger?

   ____

   ____

3. Ginger explica que, debido a todo lo que Dios le ha enseñado y ha hecho en su vida, el rechazo tiene ahora menos poder sobre ella que antes. ¿De qué maneras espera usted que el rechazo tenga menos poder sobre su vida?

   ____

   ____

4. Lea Lucas 4:18 (NVI). ¿Cómo puede obrar Dios a través de la verdad, incluso cuando es dolorosa, para producir libertad y sanidad?

____

____

5. ¿Cómo puede aplicar a su vida los siguientes consejos?: «Pero no tiene por qué dejar que el rechazo lo defina. Su seguridad no depende de sus circunstancias, ni de las personas en su vida».

____

____

CAPÍTULO 4

La epidemia del rechazo

Ginger

En este mundo afrontarán aflicciones, pero ¡anímense! Yo he vencido al mundo.

Juan 16:33 NVI

La historia de desamor y rechazo, este recorrido de desprecio y vergüenza, no es solo la historia de Joyce o la mía. Es la historia de demasiadas personas. Puede que su camino sea diferente al nuestro. Puede que no haya comenzado con un secreto doloroso; quizá ocurrió de alguna otra manera dolorosa. Pero, en las páginas siguientes, todos encontraremos partes de nosotros mismos. Hay muchos caminos que llevan a un corazón roto, y gracias a Dios, Él también ha provisto una salida para cada uno de ellos. El camino que conduce del rechazo a la plenitud no es para los débiles de corazón. Es difícil, y usted tendrá que luchar. Avanzará unos pasos y luego retrocederá alguno de vez en cuando. ¡Pero no se dé por vencido! El Señor tiene sanidad para todos. *Nadie* está excluido.

Quizá usted haya experimentado rechazo desde temprana edad. Tal vez no fue deseado, o las mismas personas que debían amarle y cuidar de usted lo descuidaron. Puede que se haya enfrentado a tantos abusadores y haya sido tan marginado a lo largo de los años, que esos rasguños, cortes y moratones infligidos por diferentes personas terminaron por infectarse, la infección se volvió más profunda, y nuevas heridas se apilaron sobre las viejas hasta que pensó que no podría soportar ni una más. O quizá ha soportado el impacto de descubrir que alguien en quien confiaba hizo lo que nunca imaginaba que haría. Tal vez fue la infidelidad de un cónyuge, un amigo que le traicionó por sorpresa, o alguien que le agredió física, emocional o sexualmente, ignorando por completo su humanidad. Si fue escogido de último, pasado por alto por completo, o devastado por alguien importante para usted, el rechazo duele, y puede afectar la manera en que usted se ve a sí mismo y al mundo que le rodea.

No acepte el rechazo como algo normal en su vida.

Quizá por eso ayuda tanto saber que usted no es la única persona que sigue adelante en la vida mientras lucha con sentimientos de rechazo. Usted no es patético ni raro. Yo creo que, hoy en día, hay una epidemia de rechazo arrasando el mundo, y el enemigo de nuestras almas la está usando para arrebatarnos nuestra seguridad y distraernos de las cosas hermosas que Dios ha planeado: una esperanza y un futuro que son buenos, y una vida llena de propósito (Jeremías 29:11). El rechazo es una parte normal de la vida, pero no lo acepte como algo normal en *su* vida.

Siempre me consideré una persona fuerte, pero recuerdo haberme sentido increíblemente débil por permitir que el rechazo me derribara como lo hizo; incluso sentí vergüenza. Tardé un tiempo en darme cuenta de que no es *debilidad*; es simplemente *humano*. Dios nos creó para amar. Nos necesitamos unos a otros, necesitamos aceptación y necesitamos comunidad. Cuando nuestras necesidades de pertenencia, afirmación y conexión no se satisfacen, superar el dolor del rechazo no es tan sencillo como simplemente «superarlo».

Como explica la escritora científica Kirsten Weir:

> En lo que respecta al cerebro, un corazón roto puede no ser tan diferente a un brazo roto…A medida que los investigadores han profundizado en las raíces del rechazo, han encontrado evidencia sorprendente de que el dolor de ser excluido no es tan diferente al dolor de una lesión física. El rechazo también tiene implicaciones serias para el estado psicológico de una persona y para la sociedad en general. El rechazo social puede influir en la emoción, la cognición e incluso la salud física…Cuando las personas son rechazadas o excluidas crónicamente…los resultados pueden ser graves. La depresión, el abuso de sustancias y el suicidio no son respuestas poco comunes.[8]

Considere estos otros hallazgos relacionados con el rechazo:

- Los investigadores han descubierto que el rechazo no tiene que ser directo «para activar el mecanismo de dolor del cerebro: con solo ver una foto de su expareja o incluso un video de rostros con expresión de desaprobación se activan las mismas rutas neuronales que en el dolor físico».[9]
- El rechazo provoca inflamación en el cuerpo.[10]
- «Recibir un desaire social provoca una cascada de consecuencias emocionales y cognitivas, según han

descubierto los investigadores. El rechazo social aumenta la ira, la ansiedad, la depresión, los celos y la tristeza...y también puede contribuir a la agresión y al mal control de los impulsos...Físicamente, también, el rechazo pasa factura. Las personas que rutinariamente se sienten excluidas tienen una peor calidad de sueño, y sus sistemas inmunológicos no funcionan tan bien como los de las personas con conexiones sociales sólidas».[11]

- Las implicaciones de esta epidemia de rechazo pueden ser peligrosas o incluso mortales. Un estudio reportó que, entre un grupo de asesinos en serie varones, el 48 por ciento había sido rechazado en su infancia por un padre o por alguna otra persona importante en su vida.[12] Se ha documentado que los terroristas estadounidenses Ted Kaczynski (conocido como el Unabomber) y Timothy McVeigh fueron moldeados trágicamente por el rechazo, el cual desempeñó un papel importante en su psicología y en sus crímenes posteriores.

> *El rechazo no está solo en su mente.*

El rechazo no está solo en su mente. Está en su cuerpo, está en su cerebro, influye en sus pensamientos, sus relaciones y su vida espiritual. Recuerdo pensar en algún punto de mi camino: *¿No debería haber superado esto ya? ¿Es de débiles admitir que me siento rechazada?* Ahora sé que enfrentar el rechazo de manera eficaz no significa avanzar hasta un punto espiritual en el que ya nunca lo sienta; significa aprender a gestionar su impacto de una manera más saludable, diferenciando la verdad de las mentiras y basándome en lo que dice la Palabra de Dios por encima de todo. Puedo sentir el rechazo sin permitir que gobierne mi vida.

El problema del rechazo es muy real para muchas personas. No significa que seamos débiles, inmaduros espiritualmente o malos cristianos; significa que más vale que aprendamos a tratarlo de maneras saludables. Todos tenemos botones que a Satanás le encanta presionar. Recuerdo una noche, sentada junto al fuego con dos queridas amigas y compartiendo nuestros pensamientos más profundos; ya sabe, esas cosas que no nos gusta enfrentar o admitir y que solo nos sentimos cómodos revelando en un lugar muy seguro. Incluso después de años de caminar con Jesús, palabras como *decepcionada*, *rechazada*, *indigna*, *remordimiento* y *miedo* salieron a borbotones desde los rincones más profundos de nuestros corazones. Sin embargo, no era debilidad; ¡ese tipo de vulnerabilidad requiere fortaleza! Juntas, estábamos enfrentando abiertamente las raíces del rechazo que necesitaban ser arrancadas. Fue sanador. Y, una por una, cuando usted, yo, y las personas con quienes caminamos en la vida nos atrevamos a sacarlo a la luz, podremos poner fin a esta epidemia.

Al compartir públicamente mi experiencia con el impacto de la pornografía, he recibido innumerables mensajes de mujeres desesperadas en situaciones similares clamando por ayuda. Sus historias son desgarradoras. Lloro con estas mujeres mientras leo sus relatos de dolor, ira y violación. Las entiendo. Y, cuando expresan sentimientos de abandono y desesperanza, mi corazón se parte en dos. Cómo anhelo hacerles saber que hay esperanza y aceptación en el amor inquebrantable de Jesús para todos nosotros. Aunque entiendo esos sentimientos, la verdad es que no han sido abandonadas, y nunca lo serán.

Debemos dar voz a nuestro sufrimiento y crear un lugar seguro donde ese dolor no se desperdicie. Debido al rechazo que yo he experimentado, ahora puedo identificarme mejor con el dolor de otros que antes de que sucediera el incidente. Puedo hacer del mundo un lugar mejor gracias a mi familiaridad con este dolor, y haré todo lo que pueda para ayudar a otros en sus momentos de necesidad. Y, con la ayuda de Dios, incluso puedo crecer en medio de ello.

Por favor, escuche esto: usted no está solo. Que este libro sea un espacio seguro donde pueda ser sincero y sanar. Mientras hacemos eso juntos en estas páginas, Joyce y yo invitamos a una querida amiga a compartir su historia.

La historia de Sarah

Ahora tengo cincuenta años, y al recordar los acontecimientos de mi vida, a veces siento como si el miedo al rechazo se hubiera convertido en una profecía autocumplida en muchas de mis relaciones interpersonales. He vivido muchas experiencias dolorosas de abandono y rechazo, incluso recientemente, por parte del hombre con quien estuve casada por más de veinte años, el padre de mis hijos. También he experimentado la ruptura de amistades muy valiosas. En muchas de estas relaciones he orado, tenido esperanza, perdonado y amado incondicionalmente hasta quedar exhausta. Ninguna cantidad de amor, oración, esperanza y esfuerzo me salvó del dolor del rechazo y de las relaciones rotas.

En mi mente, sé que Dios me creó, que me ama, y que, por medio de su gracia, soy perfecta ante sus ojos. Pero puede haber un gran abismo entre saber algo y experimentarlo, especialmente cuando enfrentamos dolor y rechazo en nuestras relaciones humanas a lo largo de nuestra vida, como inevitablemente nos sucede a todos.

He reflexionado mucho sobre el lugar del que proviene mi temor, porque sinceramente no recuerdo un momento en mi vida en el que no estuviera presente. He pensado en cuando con cinco años supe que era adoptada, que no había salido de la barriga de mi madre, lo cual significaba que la persona que me dio a luz no me había querido y me había dejado en el hospital. Me imaginé a mí misma como una bebé recién nacida siendo arrebatada de los brazos de mi mamá biológica en las primeras horas de vida. Me pregunté cómo me habrían moldeado esas primeras experiencias mientras se formaban mis sentidos, si mis primeras impresiones del mundo fueron las de un lugar frío y vacío; un lugar en el que yo no encajaba.

Cuando estaba en quinto grado, mi papá luchaba por mantenerse sobrio. Recuerdo sentir que yo era una molestia y una carga para él y para mi mamá, quien trataba de criarme bajo el peso psicológico de estar casada con un hombre que batallaba con la adicción.

Al estar trabajando en el proceso de sanidad tras mi divorcio, he comenzado a comprender dos cosas. La primera es que, a veces, cuando hemos experimentado un rechazo traumático a una edad temprana, inconscientemente buscamos relaciones con personas que nos necesiten más de lo que nosotros las necesitamos a ellas, y que nos necesiten más de lo que deberían. Creo que hacemos esto, porque anhelamos desesperadamente formar conexiones fuertes que no nos hagan vulnerables al abandono o al rechazo. Pensamos que, si somos quienes hacemos la mayor parte del trabajo en una relación, es menos probable que la otra persona nos rechace. Anhelamos con tanta intensidad la seguridad de una conexión inquebrantable, que siempre parece escaparse de nuestras manos.

Lo otro que finalmente estoy comenzando a entender de verdad es que, en esta vida no existe tal cosa como una conexión inquebrantable, ni una relación que no nos haga vulnerables al rechazo, aparte de la relación que tenemos con Jesús. Su amor es el único que nunca nos traicionará, nunca nos abandonará, nunca nos dirá que no somos lo suficientemente fuertes, exitosos, inteligentes, atractivos o buenos. Mientras sigamos poniendo nuestra esperanza definitiva en una conexión inquebrantable con otras personas, en lugar de ponerla en nuestro Dios amoroso, paciente y perfecto, nuestras esperanzas se esfumarán, a veces de manera devastadora y cruel.

A medida que esta comprensión ha comenzado a penetrar verdaderamente en mi corazón, me ha permitido empezar a ver en cada desilusión relacional no la repetición ineludible de un patrón arraigado de fracaso, sino otra oportunidad para habitar en el único refugio seguro del dolor del abandono y el rechazo: mi Señor y Salvador que tiene un amor perfecto. Esto también me ha permitido empezar a disfrutar de las relaciones interpersonales sin miedo y sin la presión del perfeccionismo. Me ha permitido ser mejor al perdonarme a mí misma cuando defraudo a los demás (y a mí misma). Y me ha permitido colocar la compasión hacia los demás y hacia mí misma por encima del miedo a la pérdida y la expectativa de que otra relación humana me hará sentir completa al fin.

Todavía debo seguir trabajando para sanar heridas pasadas y adquirir las herramientas que necesito para seguir creciendo en autocompasión y discernimiento acerca de a quién invito a los lugares más íntimos de mi corazón. Pero comprender que la única fuente de aceptación incondicional es Dios, hacer de Él mi morada diaria y entender cómo nos transforma desde dentro... esta es la respuesta más verdadera a nuestra búsqueda de pertenencia definitiva hasta que nos encontremos cara a cara con nuestro Señor y Salvador.

Hay esperanza. Sí, hay una «epidemia» de rechazo que abruma a muchos. Puede consumirle, pero no tiene por qué hacerlo. Con la ayuda de Dios, no solo podemos superar el daño que nos ha causado el rechazo, sino también prepararnos mejor para enfrentar lo que pueda llegar.

El amor de Dios es el único que no le rechazará.

Encuentro Salmos 27 especialmente significativo para todos los que han experimentado rechazo. Es un recordatorio importante de que, a pesar de quién se oponga a usted o quién pueda rechazarle, el Señor siempre estará a su lado.

Parte de este poderoso salmo aparece a continuación. Léalo. Recíbalo. Léalo otra vez. Le animo a buscarlo y leer el salmo completo. La Palabra de Dios trae sanidad. Es el antídoto que necesitamos.

El Señor es mi luz y mi salvación, ¿a quién temeré?
El Señor es el baluarte de mi vida, ¿quién me

asustará?... Aun cuando un ejército me asedie, no temerá mi corazón; aun cuando una guerra estalle contra mí, yo mantendré la confianza... Porque en el día de la aflicción él me resguardará en su morada; al amparo de su santuario me protegerá y me pondrá en alto sobre una roca. Me hará prevalecer frente a los enemigos que me rodean; en su santuario ofreceré sacrificios de alabanza y cantaré y entonaré salmos al Señor. Oye, Señor, mi voz cuando a ti clamo; compadécete de mí y respóndeme. El corazón me dice: «¡Busca su rostro!». Y yo, Señor, tu rostro busco... Aunque mi padre y mi madre me abandonen, el Señor me acogerá... Pon tu esperanza en el Señor; cobra ánimo y ármate de valor, ¡pon tu esperanza en el Señor!

Salmos 27:1, 3, 5-8, 10, 14 NVI

Acérquese más

1. Todos experimentamos rechazo. Con esto en mente, ¿qué significa para usted la siguiente afirmación: «El rechazo es una parte normal de la vida, pero no lo acepte como algo normal en *su* vida»?

____

____

2. ¿Qué le dice la investigación sobre el rechazo acerca de la amplitud y la gravedad del dolor que causa?

¿Cómo podrían estos hechos liberarle de cualquier presión o vergüenza que pueda estar cargando?

____

____

3. ¿Qué efectos físicos del rechazo ha experimentado, si es que ha experimentado alguno? ¿Cómo le motiva su experiencia a trabajar en su sanidad?

____

____

4. Describa cómo el dolor del rechazo puede haberle hecho sentir más débil de lo que quisiera como cristiano o sentir que es «inferior» a otros creyentes. ¿Cómo le ayuda saber que eso no es verdad?

____

____

5. ¿En qué sentido se identifica con la historia de Sarah?

____

____

6. Comparta sus pensamientos y sentimientos acerca de Salmos 27.

____

____

CAPÍTULO 5

Esperanza en el horizonte

Joyce

Que el Dios de la esperanza los llene de toda alegría y paz a ustedes que creen en él, para que rebosen de esperanza por el poder del Espíritu Santo.

Romanos 15:13 NVI

Después de casarme con Dave, pasé muchos años simplemente sobreviviendo día tras día. No tenía ninguna esperanza de que las cosas en mi vida pudieran ser diferentes. No era feliz, pero como mencioné, echaba toda la culpa a otros. Un día estaba orando para que Dios cambiara a Dave, y Él me interrumpió en medio de mi oración ferviente y me mostró que Dave no era el problema. Le pregunté: «Si no es Dave, ¿quién es?». Me sorprendí cuando me mostró que era yo. Aunque Dave me había confrontado acerca de mi conducta, todavía no estaba dispuesta a asumir toda la responsabilidad por ello. Ahora Dios tenía que confrontarme, y lo hizo. Esto me dejó con solo dos opciones: huir o dejar que Dios me ayudara a enfrentar mi conducta y estar dispuesta a cambiar. Era hora de comenzar a sanar las heridas de mi rechazo.

En ese momento, Dios comenzó a mostrarme cómo era vivir conmigo. Me enojaba cada vez que las cosas no salían como yo quería, y sentía lástima de mí misma. Menospreciaba a Dave regularmente con las cosas que decía, y como yo no era feliz, tampoco quería que él lo fuera. Las personas felices irritan a las personas infelices. Aunque sabía que no me estaba comportando bien, no comprendía del todo lo que estaba haciendo hasta que Dios me abrió los ojos.

Las personas felices irritan a las personas infelices.

Cuando vi la verdad, sentí vergüenza y lloré intermitentemente durante tres días. Estaba verdaderamente arrepentida y lista para un nuevo comienzo.

¿Se encuentra usted en una situación similar? El nuevo comienzo que yo encontré también está disponible para usted.

Al leer libros sobre el abuso y cómo causa rechazo, comencé a ver que mi conducta era disfuncional. Amaba al Señor, quería agradarlo, y comencé a tener esperanza de que Él me sanaría. Como dije antes, pensé que, cuando me fui de la casa de mis padres, había dejado atrás mis problemas. No me daba cuenta de que todavía estaban causando estragos en mi alma. Era una persona insegura, pero trataba de ocultarlo siendo dura y fingiendo que nada me dolía. Me decía a mí misma que no necesitaba a nadie. No confiaba en las personas, especialmente en los varones, y era rebelde con Dave simplemente porque era un hombre.

No tenía confianza en mí misma, al menos no el tipo correcto de confianza. La confianza que tenía estaba en mí, no en Jesús. Era audaz y estaba dispuesta a probar cosas, pero también me enorgullecía de cualquier éxito que lograba y no me daba cuenta de que necesitaba humildad desesperadamente.

¿Qué es la esperanza?

Cuando finalmente acepté algo de responsabilidad por mi comportamiento, comencé a sentir esperanza de que mi

La esperanza es una actitud y una mentalidad positiva.

vida podía ser diferente. La esperanza es una actitud y una mentalidad positiva, una expectativa confiada de que algo bueno va a sucederle en cualquier momento. Antes de que Dios hiciera nacer esa esperanza en mí, yo era negativa con respecto a todo. Mi padre me había enseñado a no confiar en las personas y a no esperar nada bueno, y me lo enseñó con su ejemplo. Era negativo, no le agradaba la mayoría de la gente, encontraba defectos en todo y en todos, y era extremadamente crítico y juzgón.

La primera área de mi vida en la que Dios comenzó a trabajar fue mi mente, en mis pensamientos y actitudes. Yo quería la buena vida que Dios promete en su Palabra, pero mi mente tenía que ser renovada por su Palabra antes de poder tener esa buena vida.

> «No se amolden al mundo actual (a este siglo), [no copien sus tradiciones externas y superficiales ni se adapten a él] sino sean transformados (cambiados) mediante la renovación [total] de su mente [con unos nuevos ideales y actitud]. Así podrán comprobar [por sí mismos] cómo es la voluntad de Dios: buena, agradable y perfecta [para ustedes]».
>
> Romanos 12:2 AMPC, traducción libre

Una de las lecciones más valiosas que Dios me enseñó fue cómo pensar por mí misma, en lugar de simplemente meditar en cualquier cosa que viniera a mi mente o que el diablo pusiera allí. La mente es el campo de batalla en el que el diablo pelea contra nosotros. Él es un mentiroso, y trabaja arduamente para engañarnos haciéndonos creer sus mentiras. Yo creí la mentira de que todos mis problemas eran culpa de otra persona, y eso me impidió enfrentar mis propios problemas; por lo tanto, las heridas en mi alma continuaron supurando, y eso me mantuvo cautiva y atrapada en la desesperanza.

Mientras siguiera creyendo las mentiras del enemigo, no había posibilidad alguna de ser libre. Dios puso los libros correctos en mis manos en el momento preciso. No tenía idea de que mis pensamientos tenían poder en mi vida. Después de todo, solo eran pensamientos. Pero nuestros pensamientos se convierten en palabras, y las palabras en actitudes, y las actitudes en acciones.

Durante un periodo de años, Dios renovó mi mente y comencé a pensar de acuerdo a su Palabra. Al hacerlo, mi vida cambió. Había vivido en oscuridad durante años, y por fin la luz comenzó a entrar. Si su mente necesita ser renovada, la lucha será intensa al principio. El diablo no cede fácilmente el terreno que ha ganado. Si camina con Dios y está decidido a no rendirse, poco a poco ganará la batalla.

Si piensa que puede tener malos pensamientos y una buena vida, está equivocado. O, dicho de otro modo: «A donde va la mente, va la persona». Mis pensamientos eran egoístas, negativos, envidiosos, críticos, carentes de perdón,

> *No puede tener malos pensamientos y una buena vida.*

llenos de autocompasión y de miedo; y así era mi vida. Pero la buena noticia es que Dios me cambió gradualmente, y puede hacer lo mismo con usted si está dispuesto a enfrentar la verdad. Él me cambió al darme un profundo deseo de estudiar su Palabra. Cuanto más aprendía acerca de Él y de su amor, bondad, perdón, misericordia y aceptación, más cambiaba yo. Al profundizar en la Palabra de Dios, somos transformados a su imagen «de gloria en gloria» (2 Corintios 3:18 NBLA).

Jesús les dijo a los que creían en Él que, si permanecían en su Palabra, conocerían la verdad y la verdad los haría libres (Juan 8:31-32). Curiosamente, este fue uno de los primeros versículos que Dios puso en mi corazón cuando comencé a estudiar su Palabra en serio. No entendía que era la verdad sobre *mí misma* la que tendría que conocer para ser libre. La Palabra de Dios es verdad (Juan 17:17), y es luz (Salmos 119:105). La verdad siempre expone la oscuridad. No tenga miedo de dejar que Dios entre en los lugares secretos de su corazón. Él ya lo sabe todo sobre usted, pero no obrará hasta que usted le invite a hacerlo.

El poder de la fe

Entonces comencé a aprender acerca de la fe y llegué a darme cuenta de que necesitaba creer lo que dice la Palabra de Dios si quería que las promesas que contiene se hicieran realidad en mi vida. Por ejemplo, la Palabra de Dios nos dice repetidamente que no debemos temer (Isaías 41:10;

2 Timoteo 1:7; 1 Juan 4:18); pero el temor me dominaba. Habría seguido haciéndolo si yo no hubiera puesto mi fe en acción y aprendido a enfrentar mis temores haciendo precisamente las cosas que intentaba impedirme hacer. La fe «demuestra la realidad de lo que esperamos; es la evidencia de las cosas que no podemos ver» (Hebreos 11:1 NTV).

Comencé a devorar la Palabra de Dios, y así como el alimento nutre el cuerpo físico y lo mantiene fuerte, la Palabra de Dios es el alimento que necesitamos para nuestra vida espiritual. «Así que la fe viene del oír, y el oír, por la palabra de Cristo» (Romanos 10:17 NBLA). Leí varios libros sobre la fe y aprendí a ponerla en práctica para recibir la sanidad que necesitaba en mi alma. Eso se hace orando, haciendo declaraciones llenas de fe, y actuando. La fe me dio el valor para tener esperanza por primera vez en mi vida.

Isaías 61:1-8 alimentó mi espíritu y me impidió rendirme. Nos dice que Dios nos da belleza en lugar de cenizas, aceite de alegría en lugar de luto, y manto de alabanza en lugar de un espíritu abatido y cargado (v. 3). Nos convierte en «robles de justicia, plantío del Señor, para mostrar su gloria» (v. 3 NVI). Dice que Dios nos dará una «doble herencia» por nuestra vergüenza pasada porque Él es un Dios que ama la justicia (vv. 7-8 NVI).

Obediencia a Dios

Al avanzar en mi camino, comencé a darme cuenta de cuán importante es la obediencia a Dios, y yo quería ser obediente. Todo lo que Dios nos pide que hagamos o no hagamos es algo que será bueno para nosotros. Aunque sea difícil de hacer, lo cual suele ser el caso, es por nuestro bien.

La Biblia nos dice qué hacer y qué no hacer; tanto en un sentido general como en algunas áreas específicas, como por ejemplo perdonar a aquellos que nos han hecho daño o nos han ofendido (Efesios 4:32) y ser sabios en cómo manejamos nuestro tiempo y dinero (Salmos 90:12; Proverbios 13:11); sin embargo, el Espíritu Santo nos guía en los detalles de nuestra vida diaria. Había momentos en los que Él me instaba a pedirle perdón a Dave por algo que yo había dicho o hecho. Para mí era difícil ser humilde y hacerlo, pero cada vez que obedecía, me sentía mejor y hacía que la próxima vez que tuviera que pedir perdón fuera más fácil. La obediencia a Dios es «el ajuste para todas las circunstancias que no están en armonía», según una versión amplificada de Eclesiastés 12:13 (AMPC, traducción libre). El Espíritu Santo es nuestro maestro, y Él nos guía y nos lleva a la buena vida que Jesús quiere para nosotros.

Si necesita ayuda en su camino para salir del rechazo y tener más fortaleza, confianza y capacidad para confiar de nuevo en las personas, comience obedeciendo a Dios aún en los asuntos más pequeños, y se sorprenderá del progreso.

Culpa y vergüenza

Yo había sentido culpa desde que tenía memoria, y eso me dejó completamente sin esperanza. Sentía que algo debía estar mal en mí para que mi padre quisiera hacerme las cosas que me hizo, y sentía que algo estaba mal en mí porque mi propia mamá no me protegía de lo que él estaba haciendo. Incluso después de que el abuso terminó, sentí culpa durante años. No siempre era culpa por el abuso, pero como yo estaba arraigada en la culpa y el rechazo, siempre me sentía culpable por *algo*. Ahora sé que gran parte de esa culpa era falsa y que el diablo la había puesto en mi mente. Me volví una cristiana muy legalista que intentaba seguir todas las reglas para no tener que sentir culpa.

Entonces descubrí que, aunque la culpa es un gran problema, la vergüenza es aún mayor. Según el diccionario de la Asociación Americana de Psicología, la vergüenza es «una emoción muy desagradable y autoconsciente que surge del sentimiento de que hay algo deshonroso, indecoroso o indecente en la propia conducta o circunstancias».[13] En pocas palabras, cuando sentimos vergüenza, sentimos bochorno. Queremos correr y escondernos.

Yo no solo sentía vergüenza por lo que me habían hecho; sentía vergüenza de mí misma. Sentía que debía haber hecho algo con respecto al abuso, aunque lo intenté y nada funcionó. Isaías 61:7 NVI dice: «En vez de su vergüenza, mi pueblo recibirá doble porción». Cuando comencé a creer estas palabras, también comencé a confiar en que Dios me libraría de la vergüenza. Reconocer que tenía una naturaleza tóxica basada en la vergüenza fue un gran avance para mí, porque cuando supe eso, pude comenzar a trabajar para ser libre de ella. Recuerde que fuimos creados por Dios para tener confianza y seguridad en su aceptación y en quiénes somos en Cristo.

A medida que fui creciendo, aprendí a amarme a mí misma y eso marcó una diferencia tan grande que ni siquiera sé cómo expresarlo. Siempre me había odiado, pero no sabía que estaba atrapada en el odio hacia mí misma. Cuando comencé a pensar en mi naturaleza basada en la vergüenza y empecé a preguntarme cómo me sentía con respecto a quién era yo, me di cuenta de que estaba en guerra constante conmigo misma. No me gustaba mi personalidad; pensaba que era demasiado dura. Quería ser dulce y amable. Quería ser menos agresiva y más callada. Quería hablar con suavidad, pero tenía (y aún tengo) una voz fuerte. Es tan profunda que, cuando hablo por teléfono, a menudo me confunden con un hombre. Recuerdo que eso me hacía sentir insegura, y deseaba con todo mi corazón tener una voz suave y dulce. Ahora me parece chistoso, y sé que Dios me dio la voz que tengo porque es única y capta la atención de las personas. Ahora puedo decir que me amo a mí misma de modo balanceado. No estoy enamorada de mí misma y no amo todo lo que hago, pero sí amo a la persona que Dios creó.

Encontrará una gran esperanza al hacer las paces con usted mismo y aceptar quién es, incluyendo las partes imperfectas. Deje que Dios trabaje con usted para cambiar las cosas que Él quiere cambiar, y simplemente acepte y ame el resto.

Antes de que los israelitas pudieran poseer cualquier parte de la Tierra Prometida, Dios tuvo que quitar de ellos el oprobio de Egipto (Josué 5:9). *Oprobio* significa vergüenza, culpa, desaprobación o decepción. Creo que los israelitas necesitaban sentirse bien consigo mismos para poder lograr lo que les esperaba.

Los israelitas iban hacia la Tierra Prometida desde Egipto, donde habían sido esclavos. Aunque ya habían sido liberados de Egipto, aún tenían una mentalidad de esclavos. Pero Dios quería que no se vieran a sí mismos como esclavos, sino como sus hijos: valientes, fuertes, seguros, decididos, y sin temor. Lo mismo aplica para usted y para mí. Dios tiene promesas maravillosas preparadas para nosotros, pero debemos creerlas, y no lo haremos si no sabemos quiénes somos en Cristo. ¿Qué significa «en Cristo»? Cuando aceptamos a Jesús como nuestro Señor y creemos que sufrió y murió para pagar por nuestros pecados y la culpa asociada a ellos, y que resucitó, la Biblia dice que entonces pertenecemos a Cristo y Él viene a vivir en nosotros (Gálatas 2:20). Como creyentes, Dios nos ve «en Cristo», y eso significa que gracias a nuestra fe en Él tenemos acceso a todos los derechos y privilegios que Jesús tiene. Pablo escribe en Filemón 6 sobre el «el conocimiento de *todo lo bueno* que hay en ustedes mediante Cristo» (NBLA, énfasis añadido).

¿Es tiempo de quitar el oprobio de lo que otros le han hecho? ¿De reemplazar su vergüenza por una doble porción de la bendición de Dios (Isaías 61:7)? ¿De atreverse a esperar algo mejor? Con Cristo, todo esto no solo es posible sino que también está prometido (Mateo 19:26).

Dios usa a aquellos que el mundo rechaza

Si usted ha sido rechazado, entonces es precisamente la persona que Dios quiere usar de una manera especial. Creo que esta es la forma en que Dios nos recompensa por nuestra vergüenza pasada. También hace que aquellos que creen ser algo especial separados de Dios se den cuenta de que Dios escoge y usa a quien Él desea, no necesariamente a quienes tienen talentos naturales.

> «Pero Dios ha escogido [para sus propósitos] a lo que el mundo considera ridículo para avergonzar a los sabios [haciendo evidente su ignorancia], y Dios ha escogido [para sus propósitos] a lo débil del mundo para avergonzar a los fuertes [haciendo evidente su fragilidad]. Dios ha escogido [para sus propósitos] a lo insignificante de este mundo, y a aquello que es despreciado y tratado con desdén; aún aquello que no es nada, para poder reducir a nada aquello que es, para que nadie pueda presumir en la presencia de Dios».
>
> 1 Corintios 1:27–29 AMP, traducción libre

Dios se fija en aquellos que pasan desapercibidos para los demás. Usa a aquellos que han sido considerados insignificantes y tratados con desprecio. Él levanta a quienes el mundo ha menospreciado.

Dios levanta a quienes el mundo ha menospreciado.

Para concluir este capítulo, permítame asegurarle que en el horizonte hay una gran esperanza para usted. Todas las promesas de Dios están disponibles para todas las personas. Y, como Él ha liberado a personas que luchan con lo mismo que usted, también le liberará a usted. Tome ahora la decisión de que, si alguien puede ser sanado, ¡usted también puede serlo! No puedo prometerle que el camino será rápido o indoloro, pero el dolor del cambio es mucho mejor que el dolor de quedarse como está si necesita sanidad. Dios le dice: «No temas, que yo te he redimido; te he llamado por tu nombre; tú eres mío» (Isaías 43:1 NVI).

Acérquese más

1. Joyce escribe: «Cuando finalmente asumí cierta responsabilidad por mi comportamiento, comencé a sentir esperanza de que mi vida podía ser diferente». ¿Hay áreas en su vida en las que también necesita asumir cierta responsabilidad por su comportamiento?

   ____

   ____

2. «La esperanza es una actitud y mentalidad positiva: una expectativa confiada de que algo bueno va a sucederle en cualquier momento». ¿En qué sentido

le anima la definición de esperanza de Joyce? ¿Cuáles son algunos destellos de esperanza que ha visto?

____

____

3. Lea Isaías 61:1-8. ¿Qué promesas ve para su vida en este pasaje?

____

____

4. Joyce escribe: «Si usted ha sido rechazado, entonces es precisamente la persona que Dios quiere usar de una manera especial». ¿Cómo ve esto reflejado en 1 Corintios 1:27-29? Haga una lista de todas las maneras en las que Dios puede usarle. Guárdela para animarse e inspirarse durante su proceso de sanidad.

____

____

PARTE 2

Las mentiras del rechazo

El ladrón no viene más que a robar, matar y destruir; yo he venido para que tengan vida y la tengan en abundancia.

Juan 10:10 NVI

CAPÍTULO 6

Marcada por el rechazo

Ginger

«Porque yo restauraré tu salud y sanaré tus heridas», afirma el Señor, «porque te han llamado la desechada, la pobre Sión, la que a nadie le importa».

Jeremías 30:17 NVI

Tanto Joyce como yo podemos mirar atrás ahora y ver con claridad las maneras en que el rechazo moldeó nuestra visión de la vida y de nuestras relaciones interpersonales. No tenía idea de que algún día me influiría tanto la tristeza causada por el rechazo. Tal vez usted tampoco pensó que lo haría, y sin embargo, aquí estamos. Quizá pensé que de algún modo era inmune o tenía más control. Ahora sé que no. Mi vida fue moldeada por ese sufrimiento, pero Dios ha redimido y sanado cada herida. Él es el alfarero que moldea este pedazo de barro en algo hermoso (Isaías 64:8).

El rechazo se infiltra de muchas maneras. Al haber vivido frente a una cámara de televisión por más de cuarenta años, he recibido muchas muestras de aprecio y quizá más que una justa porción de críticas poco constructivas. Joyce también, sin duda. Durante un momento de dolor extremo, alguien difundió mentiras sobre mí de formas muy públicas. Eran acusaciones falsas que me hirieron profundamente y me hicieron querer encontrar una cueva y esconderme. Ser objeto de especulación y de falsedades es increíblemente difícil. Es complicado recordar quién es usted realmente cuando lo único que puede ver es su reflejo en los ojos de aquellos que le rechazan. Con el tiempo, la verdad prevaleció y aprendí que Dios es en verdad mi defensor (Salmos 57:2; 135:14). *Solo* Él determina quién soy.

El rechazo por parte de la familia y los amigos probablemente sea el más difícil, porque se supone que ellos deben ser nuestro lugar seguro. Durante mucho tiempo no me sentí aceptada ni bienvenida entre algunos de mis familiares. Estoy segura de que ambos tuvimos parte de culpa, pero aun así era doloroso. Entonces mi cuñado, a quien amaba profundamente, me dijo unas palabras que fueron muy sanadoras. Me dijo que lamentaba cómo otros miembros de la familia me habían tratado. Él no tenía ninguna responsabilidad en ello, y sin embargo, se tomó el tiempo para disculparse y decirme que veía lo que estaba ocurriendo. Sus sencillas palabras me hicieron ver que no estaba sola y me hicieron sentir conectada en lugar de rechazada. Él me enseñó la importancia de fijarse en el dolor de otras personas. Me alegra poder decir que, desde entonces, esas relaciones han mejorado. Fue como si se abriera una puerta para que Dios obrara en los corazones de todos nosotros. Lo que pueden parecer palabras simples pueden ser un momento importante de conexión y sanidad.

Muchas de nuestras experiencias de rechazo tienen más que ver con lo que está ocurriendo dentro de otra persona que con nosotros mismos. Cuando perdí a un querido amigo por suicidio, no solo me sumergí en un duelo profundo, sino que también quedé aturdida por la conmoción. Me sentí abandonada. Estaba devastada y luchaba con el pensamiento de que él *eligió* irse y dejar atrás a quienes nos preocupábamos por él. Dios me mostró, en esta etapa de duelo, que Él

Lo que usted percibe como rechazo a veces es solo una persona sumida en un dolor inimaginable.

está verdaderamente con nosotros como nuestro Consolador (2 Corintios 1:3). Y aprendí que lo que percibimos como rechazo a veces no es rechazo en absoluto. Es una persona sumida en un dolor inimaginable enfrentando algo que no tiene nada que ver con nosotros.

Y, por supuesto, el día en que salió a la luz el problema de mi esposo con la pornografía. La mujer segura de sí misma pero algo ingenua, de treinta y tantos años que era yo entonces, se enfrentó a la cruda realidad. El mayor rechazo vino de parte de la persona con quien elegí pasar mi vida, quien se suponía que debía apoyarme y velar por mis mejores intereses; la persona en quien más confiaba. Mi corazón se rompió en pedazos, y podía sentir cómo se endurecía, momento doloroso tras momento doloroso.

Heridas secretas

Por fuera, la mayoría de las personas nunca habrían sabido por lo que estaba pasando cuando descubrí la lucha de Tim. Continué presentando un programa de entrevistas diario, y la sonrisa en mi rostro ocultaba la mayor parte del dolor. Pero la metralla de los secretos que explotan abre heridas invisibles. Son esas cosas que casi nadie sabe, y que generalmente no queremos que vean; tal vez por vergüenza,

Una sonrisa solo puede esconder el dolor.

bochorno o miedo. Pero, por dentro, sentía como si todo hubiera cambiado.

La Biblia nos dice que los secretos saldrán a la luz, y creo que esto es por una buena razón.

> «Porque no hay nada escondido que no llegue a descubrirse ni nada oculto que no llegue a conocerse públicamente».
>
> Lucas 8:17 NVI

Cuando otros le hieren, aunque sea en secreto, Dios lo ve. Él es testigo de lo que ocurre y ve su dolor. Aunque no sea agradable cuando sale a la luz, el proceso de revelar la verdad es una forma en que Dios nos protege.

Nuestra familia tenía un perro llamado Mr. Fitz. Un día estaba corriendo en círculos dentro de la casa, como hacen los perros cuando tienen esa necesidad de correr, y resbaló en el suelo de madera y se cayó. Después de esta experiencia, le tenía terror a ese lugar en el piso. Se quedaba paralizado y lo miraba fijamente, o lo evitaba dándole un amplio rodeo al caminar.

Un día vi a Mr. Fitz detenerse, voltearse, y literalmente caminar hacia atrás por el lugar donde se había caído. Esa se convirtió en su solución al problema, como si creyera que, al no verlo, no ocurriría nada malo. Nosotros podemos hacer lo mismo con las experiencias dolorosas en nuestras vidas. Hay algunas que desearíamos no tener que enfrentar, pero evitarlas o ignorarlas no las hace menos

Lidie con el veneno que esconden los secretos.

reales ni las hace desaparecer. La mamá de Joyce dejó pasar el hecho de que Joyce estaba siendo abusada sexualmente, y eso lo empeoró todo. Los secretos deben salir a la superficie para que podamos lidiar con el veneno que esconden. Debemos atravesar el dolor o, si no, puede que la sanidad nunca llegue.

Con el descubrimiento del secreto de Tim, el veneno salió a borbotones en forma de conmoción, desilusión y enojo. Luego vinieron la vergüenza, la culpa y el miedo. Preferiría no haber tenido que pasar por todas esas cosas; preferiría no haberlas enfrentado en absoluto. Pero, si no lo hubiera hecho, seguiría allí congelada en ese lugar, incapaz de avanzar.

Impulsada por la ira

Yo estaba increíblemente enojada. Enojada con Tim. Enojada conmigo misma. Enojada con Dios. En realidad, enojada con el mundo entero. La ira hacia Tim fue la primera en aparecer, y debo decir que se me daba muy bien. Efesios 4:26 dice que no dejemos que el sol se ponga sobre nuestro enojo, pero ese no era el problema. La pregunta era: ¿cuántas lunas llenas pasarían?

Estaba enojada conmigo misma porque me sentía débil. *¿Cómo no me di cuenta de esto?*, me preguntaba. *¿Cómo pude permitir que esto sucediera?* Sentía lástima de mí misma, y eso me enojaba aún más. Me parecía injusto que, cuando Tim reveló su secreto, él sintiera alivio. La gente lo rodeaba para apoyarlo, pero ¿y yo? Para mí, la agonía apenas comenzaba.

Luego llegó el deseo de venganza: *Ya verá. Soy una mujer deseable, y se lo voy a demostrar.* Le doy gracias al Señor por no haber actuado según esos pensamientos, pero eran territorio peligroso.

Después llegó la ira contra Dios. Ya era duro que mi esposo me hubiera rechazado, pero parecía que Dios también me estaba rechazando. «¿Por qué permitió que esto sucediera? ¿Acaso no le importa? ¿Qué hay de todas esas oraciones que hice?». Como dijo una amiga que vivió la misma situación con su esposo: «Dios sabía lo que estaba ocurriendo y no hizo nada. Se sintió como una conspiración».

Dios me dejó tambalear. Me dejó llorar, preguntar, y hacer berrinches. Tenía mucho que procesar, y creo que Él lo entendía. Era el dolor el que hablaba. Dios no me debía respuestas, pero me amó en medio de las preguntas y no respondió a mi enojo con más enojo.

Finalmente, ya no podía seguir viviendo en la ira y la amargura. Estaba cargando tanto que sentía como si me saliera por los poros. Tenía que hacer algo. Había demasiado en juego. Tenía dos hijas que me necesitaban. Yo no era así; esa furia que tenía dentro no era propia de mí, y temía que esa persona enojada en mi interior se quedara para siempre. Con el tiempo me di cuenta de que la ira no estaba funcionando, así que, como una niña que corre de regreso a los brazos de su papá, me rendí. Tomé la decisión de soltarla y regresar a la verdad de la Palabra de mi Padre celestial. Allí me aferré a la base de la aceptación inagotable de Dios:

> «Yo te escogí; no te rechacé».
>
> Isaías 41:9 NVI

> «El que a mí viene por supuesto que no lo rechazo [nunca, jamás rechazaré a alguien que acuda a mí]».
>
> Juan 6:37 AMPC, traducción libre

Comprendí que tenía que soltar la ira que sentía hacia mí misma para poder avanzar. Tomé en serio lo que dice el apóstol Pablo sobre avanzar en la dirección correcta en Filipenses 3:13-14: «Pero una cosa hago: olvidando lo que queda atrás y extendiéndome a lo que está delante, prosigo hacia la meta» (NBLA).

Pero la ira que sentía hacia Tim era otra historia. Tardé más tiempo en superarla... *mucho* más. Fue un proceso largo de observar y esperar. ¿Cumpliría él todo lo que se había comprometido a hacer? ¿Podría cumplir con sus promesas de absoluta honestidad, de aceptar responsabilidad, y de buscar la ayuda que necesitaba? Comenzó a buscar a Dios de un modo en que nunca antes lo había hecho, y cuando vi que luchaba esta batalla con todo su corazón de manera constante, comenzó a brotar la esperanza. Y, poco a poco, la ira comenzó a apagarse.

Culpa y vergüenza inesperadas

Me sorprendió la culpa que sentí. Por supuesto que había cambios que yo podía hacer, pero no hice nada malo para causar eso. Sin embargo, no podía evitar preguntarme: *Yo pensaba que éramos felices. Pensaba que teníamos una buena vida sexual. ¿Cómo fui tan ingenua? ¿Acaso yo no era lo suficientemente bonita, o deseable? ¿O simplemente no era suficiente?*

Estaba muy herida, y de alguna manera se fue colando esa sensación de que tal vez había defraudado a Dios. Tal vez por eso lo permitió, razonaba yo. Un día estaba orando con las palabras que siempre digo: «Dios, te amo». Pero entonces salió de mí algo que nunca antes había sentido la necesidad de decir. Un ruego desesperado: «Por favor, ámame tú también». Y sentí su respuesta suavemente en mi espíritu cuando susurró: «*Nunca* tienes que rogar por mi amor».

Con esa tierna respuesta, la culpa y la vergüenza fueron derrotadas.

Confianza rota

No sabía cómo volvería a confiar. Soy una persona inherentemente confiada, pero también ferozmente independiente, así que al comienzo de nuestro matrimonio había tardado en aprender a darle a Tim más de mí misma. Entonces, después de lo que había sucedido, pensé: *Mira dónde me llevó eso.* ¿Había entregado demasiado de mí, confiado demasiado fácilmente? La confianza, una vez rota, es extremadamente difícil de reconstruir, y el impacto de esa ruptura se extendía más allá de nuestro matrimonio. Me preguntaba: *¿En quién puedo confiar?* Y después de haber sido tan engañada, *¿puedo confiar en mí misma y en mi intuición?*

Supe entonces que tenía que enfocarme en mi propia sanidad (mi propio corazón) antes de ni siquiera considerar si todavía habría un matrimonio. Mi relación con Dios tenía que estar primero. Era mi fundamento. Si su confianza se ha roto, comience por restaurar su primer amor. Busque primero el reino de Dios, y Él se encargará del resto (Mateo 6:33). Yo lo busqué por encima de todo, y fue a través de mi relación con Él como comencé a sanar y ser restaurada.

Su relación con Dios es primero.

Dios me recordó con ternura que *Él* es digno de confianza, que *Él* es fiel y que *Él* es constante, incluso cuando otros no lo son. *Él* es mi fortaleza. Me encanta lo que dice la Biblia sobre que Dios nos rodea con su presencia inquebrantable y eterna:

> «Los que confían en el Señor son como el monte Sión: jamás caerá y permanece para siempre. Como rodean los montes a Jerusalén, así rodea el Señora su pueblo, desde ahora y para siempre».
>
> Salmos 125:1-2 NVI

Los montes son recordatorios magníficos de la majestad de Dios, y estar cerca de ellos siempre me produce paz. Salmos 121:1-2 NVI dice: «A las montañas levanto mis ojos; ¿de dónde ha de venir mi ayuda? Mi ayuda proviene del Señor, que hizo el cielo y la tierra». Levanté mis ojos a Él, y Él me envolvió en su amor y fortaleza. Dios no me pidió que confiara en nadie más; me pidió que confiara en Él. Comenzó a ayudarme a manejar todo el veneno que brotaba de mis heridas, sanándome. Y supe que sanaría por completo... con o sin mi esposo.

Dios le pide que confíe en Él.

¿Estaba dispuesta a perdonar?

Con el tiempo, cuando comencé a pensar en volver a confiar en Tim, supe que para poder confiar en él también debía perdonarlo. Eso era mucho pedir. Tim estaba esforzándose mucho y le iba bien, y yo comencé a intentar perdonarlo genuinamente, pero aún no sentía que hubiera una base de confianza. Francamente, no estaba segura de querer perdonarlo. Admito que, mientras escribo estas palabras, me estoy enojando un poco otra vez, a pesar de que perdoné a Tim hace muchos años atrás. Por eso es vital entender que el perdón es una decisión, no un sentimiento. Los recuerdos y detonantes que provocan enojo no significan que no

El perdón es una decisión, no un sentimiento.

he perdonado. Mi decisión está por encima de mis sentimientos, y regreso a ella. Lo mismo ocurre con el amor. Si quería permanecer en el matrimonio (y en ese momento sabía que ese era mi deseo), también tenía trabajo que hacer en mi propio corazón. No sentía ganas de perdonar; no sentía mucho amor en ese momento, pero *elegí* amarlo y también perdonarlo. Con el tiempo, los sentimientos llegaron.

Emprender el camino hacia una confianza renovada, perdón y amor tomó tiempo, y es un compromiso diario. Hoy sé lo mucho que me ama Tim. Ha demostrado ser digno de confianza, y yo lo amo profundamente. Pero es una confianza que mantiene los ojos abiertos. Las personas no son perfectas, y pueden fallarnos. Dios no.

Antes que nada y sobre todo, cuando la confianza ha sido destruida corremos hacia Dios. Él es el único lugar donde nuestra confianza está infinitamente segura. A medida que lo buscamos, recibimos la sanidad que nuestros corazones rotos necesitan.

Recuperar la confianza en otras personas

Durante un tiempo podemos poner nuestra confianza únicamente en Dios, pero eventualmente es importante aprender a confiar en otras personas; a correr ese riesgo una vez más. Es un proceso, y a veces es doloroso. La confianza es valiosa y puede ser frágil, especialmente cuando se ha roto, pero es clave para que cualquier relación prospere, y es un elemento vital de una vida plena. El proceso de reconstruir la confianza toma tiempo y requiere un trabajo profundo a nivel del corazón. Depende de la comunicación abierta, límites saludables, y rendición de cuentas. Sé por experiencia cuán difícil puede ser, pero anímese: también sé que con la ayuda de Dios y el compromiso de ambas partes, la confianza puede restaurarse. Pídale a Él sabiduría y discernimiento, y no tema buscar ayuda.

Henry Cloud ha escrito un libro entero sobre esto titulado *Los 5 pilares de la confianza*, y es una guía extremadamente útil para entender en quién confiar y cómo volver a confiar después de que la confianza ha sido dañada o rota. Él escribe sobre los «cinco elementos esenciales de la confianza», que son:

- *Comprensión*, lo que significa que, en una relación de confianza, cada persona necesita conocer y comprender a la otra. Sin comprensión, la confianza no puede echar raíces ni crecer.
- *Motivación*, lo que significa que cada persona está motivada por su interés por el bienestar de la otra.
- *Capacidad*, lo que significa que cada persona tiene los recursos emocionales y las herramientas relacionales necesarias para dar y recibir confianza.
- *Carácter*, lo que significa que ambas personas deben tener integridad. Cloud escribe: «Donde hay mentiras, engaños o robos, no puede haber confianza. Ninguna».[14]

- *Historial*, lo que significa que las personas deben demostrar que son dignas de confianza. Si alguien no ha sido confiable en el pasado, no se debería volver a confiar en él o ella hasta que haya demostrado ser digno de confianza.

El libro de Cloud también aborda cómo derribar las barreras que ponemos a la confianza en varios capítulos bajo el título «Un modelo para reparar la confianza». Cuando pasé por la devastación en mi matrimonio este libro aún no se había escrito, pero ahora que existe animaría a cualquiera que esté lidiando con problemas de confianza a leerlo e incluso estudiarlo.

La batalla contra el temor

Mientras consideraba aprender a confiar de nuevo, por supuesto, todas las preguntas de «¿y si...?» asomaron su fea cabeza. *¿Y si abro mi corazón y me lastiman? ¿Y si vuelve a pasar? ¿Cómo puedo estar segura?* Ningún camino es perfecto, y el nuestro tampoco lo ha sido. La verdad es que no hay garantías. Con una excepción:

> «Cuando siento miedo, pongo en ti mi confianza. Confío en Dios y alabo su palabra; confío en Dios y no siento miedo. ¿Qué puede hacerme un simple mortal?».
>
> Salmos 56:3-4 NVI

Dios siempre me respaldó, y también le respalda a usted. Arriesgarse a confiar (a amar) da miedo. Tal vez ya lo ha intentado y no funcionó. Quizá en este momento simplemente está entumecido, sin poder sentir mucho. Lo entiendo. Pero vivir sin amar a otros no es realmente vivir. Me niego a vivir con temor a lo que las personas puedan hacer. Cuando me lastimen otra vez, Dios estará ahí para levantarme. Las personas nos hieren, y las relaciones fallan. Pero yo elegí abrir mi corazón y confiar en Dios porque el remordimiento *sí* es algo a lo que hay que temer. No hay respuestas para las preguntas que siguen al remordimiento. *Si tan solo hubiera... ¿Por qué hice...?* No tenga tanto miedo al rechazo que dé la bienvenida al remordimiento. En cambio, aférrese con tenacidad a la esperanza.

> *Aférrese con tenacidad a la esperanza.*

> «Tenemos como ancla del alma, una esperanza segura y firme, y que penetra hasta detrás del velo, adonde Jesús entró por nosotros como precursor...».
>
> Hebreos 6:19-20 NBLA

Jesús será el ancla que nos mantiene firmes en medio de los mares tormentosos de la vida. Él está ahí, intercediendo por usted mientras las olas golpean (Romanos 8:34).

Es cierto: hubo un tiempo en el que no quería compartir mi historia. No quería que la pornografía fuera parte de mi historia ni que Tim fuera etiquetado. Pero ahora sé que soy más que lo que sucedió. Soy una vencedora, y él también lo es. Hoy me honra contar todo. Llevo algunas cicatrices que son recordatorios de la fidelidad de Dios, pero la sanidad no nos deja igual. He sido moldeada por el rechazo, pero no me define. Y a usted tampoco. De hecho, Dios ha usado para bien lo que el diablo quiso usar para hacerme daño. Lo ha usado para hacerme más fuerte y para ayudar a otros. Me moldeó en una hermosa nueva creación, y puede hacer lo mismo con usted.

Acérquese más

1. ¿Cómo ha sido moldeada su vida por el rechazo?

   ____

   ____

2. ¿De qué maneras ha permitido que otras personas moldeen su identidad?

   ____

   ____

3. Cuando piensa en el rechazo que ha experimentado, ¿en qué ocasiones pudo haber tenido más que ver con el dolor de la otra persona y lo que estaba atravesando que con usted?

   ____

   ____

4. ¿Qué heridas secretas carga?

   ____

   ____

5. ¿Cómo ha influido la ira en su vida? Considere estas áreas:
   - Ira hacia los demás

     ____

     ____
   - Ira hacia usted mismo

     ____

     ____
   - Ira hacia Dios

     ____

     ____

6. ¿Cómo ha afectado el ser rechazado su capacidad para confiar?

   ____

   ____

7. Lea Salmos 125:1-2. Ginger compartió: «Dios no me pidió que confiara en nadie más; me pidió que confiara en Él». ¿Cómo cambia esto su perspectiva sobre la confianza?

   ____

   ____

CAPÍTULO 7

Arraigada en el rechazo

Joyce

Por lo tanto, ya no hay ninguna condenación para los que están en Cristo Jesús.

Romanos 8:1 NVI

Si el rechazo comienza temprano en la vida puede convertirse en una raíz, lo cual significa que la experiencia del rechazo puede ser como una semilla plantada en el alma de una persona. Una vez que el sentimiento de ser rechazado (no pertenecer, no sentirse amado, no sentirse válido en lugar de valioso) echa raíces en la vida de una persona, afecta todo de alguna manera, especialmente su visión y perspectiva, su autoimagen, y sus relaciones interpersonales.

Las raíces finalmente producen fruto, y las raíces enfermas siempre producen fruto insano. Pero Jesús dice que toda planta que no haya sido plantada por su Padre será arrancada de raíz (Mateo 15:13). En Isaías 61, al dar esperanza a los que han sido heridos, el profeta dice: «Serán llamados robles de justicia, plantío del Señor, para mostrar su gloria» (v. 3 NVI). Nosotros somos arrancados de raíz y replantados en Cristo. «Plantados en la casa del Señor, florecen en los atrios de nuestro Dios» (Salmos 92:13 NVI). Lo que Dios planta florecerá y será fuerte como el poderoso roble.

Cuando Dios estaba arrancando de raíz el rechazo que yo había experimentado, fue doloroso y en ocasiones confuso. Estoy segura de que una planta real sentiría lo mismo si tuviera sentimientos. La persona que ha sido arrancada de raíz y luego plantada en Cristo necesita tiempo para desarrollar un nuevo sistema de raíces. A mí, sin duda, me tomó tiempo.

Durante años fui completamente inconsciente de lo mucho que el rechazo y tantas otras cosas que había vivido estaban afectando mi vida. Nunca había oído hablar de una raíz de rechazo, pero definitivamente tenía una. Afortunadamente, he aprendido mucho desde ese primer despertar, y al mirar atrás puedo ver cómo esa raíz de rechazo produjo muchos «frutos» negativos (actitudes, emociones, pensamientos y perspectivas negativas) en mi vida. Durante el resto de este capítulo me gustaría enfocarme en los frutos del rechazo en mi vida y cómo Dios me ha ayudado. Puede que usted también esté batallando con algunos o con todos ellos, y la buena noticia es que Dios puede desenredar las raíces del rechazo en su vida. Él puede guiarle hacia una vida maravillosa que produzca buen fruto, tal como ha hecho conmigo.

Cómo lidiar con el fruto del rechazo

1. Aprenda a dejar ir el enojo.

Uno de mis grandes problemas, que tenía su origen en el rechazo, era que quería controlarlo todo porque sentía que, si estaba en control, estaría a salvo. En un momento de mi vida, juré que nadie jamás me diría qué hacer, ni me volvería

> *Dios le ha dado libre albedrío para que tome sus propias decisiones.*

a lastimar, y viví según ese juramento por muchos años. Pensaba que me estaba protegiendo a mí misma al tomar decisiones que solo priorizaban mis propias necesidades, pero tomar decisiones de esta manera no funciona bien en las relaciones interpersonales, especialmente en un matrimonio, por lo que mi comportamiento controlador causó problemas en mi relación con Dave.

Nadie quiere ser controlado. Dios nos ha dado libre albedrío, y por su diseño queremos tomar nuestras propias decisiones o ser incluidos en la toma de cualquier decisión que nos afecte. Jesús nos ha hecho libres (Gálatas 5:1).

Mi comportamiento controlador se manifestaba principalmente en las relaciones personales. Podía someterme fácilmente a la autoridad de mi empleador, pero no a Dave ni a mis pocos amigos (¡nadie quiere ser controlado por sus amigos!).

Una forma importante en que mi deseo de controlar se manifestaba era que me enojaba cada vez que no conseguía lo que quería. Era extremadamente terca y podía seguir enojada por mucho tiempo. Al hacer esto, simplemente estaba repitiendo el comportamiento de mi padre. Cuando alguien contrariaba a mi padre de alguna manera o quería algo que él no quería, su respuesta era enojo. Usaba su enojo para controlar a mi mamá, a mi hermano y a mí. Yo vivía con miedo; casi siempre miedo de hacerlo enojar o miedo a que me abusara de nuevo.

Llevé la ira a mi vida adulta, y era mi respuesta automática cuando no conseguía lo que quería. Era muy egoísta, pero no me daba cuenta. Simplemente creía que *tenía* que luchar por mí misma, o las personas me maltratarían. No podía imaginar que alguien tomara una decisión porque pensaba que era por mi bien, así que decidí tomar decisiones por mí misma.

Necesitaba desesperadamente aprender a soltar y confiar en Dios. Para hacer eso, tuve que aprender a dejar de intentar controlarlo todo. Esto no fue fácil, porque lo había estado haciendo toda mi vida. Intentar controlar todo es un trabajo duro, y si lo hacemos constantemente, es comprensible que otras personas se cansen de nosotros.

Poco a poco, Dios me enseñó a confiar en Él en lugar de esforzarme tanto por cuidarme. Salmos 37:5 dice: «Encomienda al Señor tu camino; confía en él y él actuará» (NVI). Si tomamos este versículo en serio y lo aplicamos a nuestra vida, dejaremos de intentar controlar a las personas y las situaciones. Aprenderemos a orar y buscar a Dios en cuanto a las relaciones y circunstancias que enfrentamos, sin tratar de forzar que las cosas sucedan de cierta manera. Confiaremos en que Dios actuará por nosotros, sabiendo que siempre hace lo que es mejor para nosotros. Y esperaremos pacientemente (lo cual no siempre es fácil) a que Él haga lo que debe hacerse. Para las personas que tienen tendencia a ser controladoras, esto va en contra de su forma natural de hacer las cosas. Pero cuanto más lo hacemos, más aprendemos que la vida es mucho mejor cuando Dios está en control que cuando nosotros lo estamos. Le animo a entregar «al Señor todo lo que haces; confía en él, y él te ayudará» (Salmos 37:5 NTV).

2. Viva cada día con gozo.

Sentirse rechazado o ser rechazado quita la alegría de vivir. Durante años, sentí que el corazón me pesaba. Probablemente estaba deprimida y no lo sabía. Una vida sin alegría es una vida miserable, y yo no tenía alegría. Una razón de esto es que una persona no puede ser egoísta y feliz al mismo tiempo.

Dios nos creó para dar y servir a los demás, no para ser servidos (Mateo 20:28; Gálatas 5:13), y Jesús mismo dijo: «Más bienaventurado es dar que recibir» (Hechos 20:35 NBLA). He aprendido que dar a los demás es una de las mayores bendiciones del mundo y produce mucho gozo. Pasé de estar completamente absorta en mí misma a amar dar y hacer felices a los demás, y le doy toda la gloria a Dios por este cambio en mi vida.

Dar a los demás produce mucho gozo.

Hay dos escrituras en las que pienso con frecuencia:

> «Busquen primeramente el reino de Dios y su justicia, entonces todas estas cosas les serán añadidas».
>
> Mateo 6:33 NVI

> «Deléitate en el Señor y él te concederá los deseos de tu corazón».
>
> Salmos 37:4 NVI

He aprendido a ser feliz con las cosas sencillas. Hay una película titulada *La magia de un día cualquiera*, y realmente me gusta ese título porque he descubierto cuán especiales pueden ser los días ordinarios. A menudo buscamos algo espectacular que nos haga felices, pero a medida que crecemos en madurez espiritual, nos hacemos cada vez más capaces de disfrutar los días ordinarios y de regocijarnos en el Señor mientras atendemos nuestras rutinas diarias. La mayor parte de la vida es ordinaria, y si no aprendemos a disfrutarla, rara vez disfrutaremos de algo.

Aprenda a disfrutar lo ordinario en la vida.

La alegría del Señor es nuestra fortaleza (Nehemías 8:10). Pero ¿qué es la alegría del Señor? Es estar contentos en nuestro corazón por lo que Jesús ha hecho por nosotros. Aunque perdonar nuestros pecados está en lo más alto de la lista, Él hace muchas otras cosas por nosotros, una gran parte de las cuales ni siquiera vemos. Piense en esto:

- Él nos protege (Salmos 121:7-8).
- Tiene paciencia con nosotros (2 Pedro 3:9).
- Está con nosotros todo el tiempo (Salmos 139:7).
- Nos ayuda (Isaías 41:10).
- Nos ama incondicionalmente (Romanos 5:8).
- Nos acepta y nunca nos rechaza (Juan 6:37).
- Sana todas nuestras heridas (Salmos 147:3).

- Nos da esperanza (Jeremías 29:11).
- Y hace miles de cosas más.

La Biblia dice que en su presencia hay *«plenitud* de gozo» (Salmos 16:11 RVR1960, énfasis añadido). En los días ordinarios, piense a menudo en Jesús y, como dice su Palabra, siga «haciendo música al Señor en el corazón» (Efesios 5:19 NTV). Trate de cantar o simplemente tararear una melodía mientras trabaja, y aumentará su alegría.

Tengo ya más de ochenta años, y durante gran parte de mi vida he tenido algún deseo por algo. Pero justo esta semana le dije a mi hijo David que lo único que quiero es terminar con alegría lo que Dios me ha llamado a hacer.

Si lo piensa bien, lo que nos roba la alegría es querer muchas cosas y no poder obtenerlas. A menudo sentimos celos de quienes tienen lo que nosotros deseamos, pero debemos confiar en que Dios nos dará lo que sabe que debemos tener en el momento adecuado. El apóstol Pablo dijo que había aprendido a contentarse «tanto de estar saciado como de tener hambre, de tener abundancia como de sufrir necesidad» (Filipenses 4:11-12 NBLA); «la piedad, en efecto, es un medio de gran ganancia cuando va acompañada de contentamiento» (1 Timoteo 6:6 NBLA), y conduce a un gran gozo.

3. Abrace la esperanza.

Cuando era joven, sentía ansiedad gran parte del tiempo porque tenía miedo de que algo malo me sucediera. No tenía esperanza, y creo que esto se debía, al menos en parte, al rechazo que había experimentado y al miedo con el que había crecido. Las personas que han sido rechazadas desarrollan expectativas negativas, no positivas. A los veintitrés años, cuando me casé con Dave, había pasado por tantas tragedias en mi vida que no podía recordar haber sido verdaderamente feliz alguna vez. Vivía con una sensación difusa de que el problema siempre estaba a la vuelta de la esquina. La psicología moderna llama a este estado «hipervigilancia». Yo me refiero a estos sentimientos como «malos presagios».

El rechazo desarrolla expectativas negativas.

> «Para el afligido todos los días son malos (los pensamientos ansiosos y los malos presagios hacen que sea así); para el que es feliz, todos son de fiesta (independientemente de las circunstancias)».
>
> Proverbios 15:15 AMPC, traducción libre

También me gusta esta traducción de ese mismo versículo:

> «Para el abatido, cada día acarrea dificultades; para el de corazón feliz, la vida es un banquete continuo».
>
> Proverbios 15:15 NTV

Con el tiempo, fui desarraigada de la ansiedad y la negatividad, y replantada en la esperanza. Este proceso tomó tiempo, pero ahora vivo con esperanza; es el ancla de mi alma. Debemos tener esperanza antes de poder tener fe, porque la fe es la certeza de lo que se espera (Hebreos 11:1). La esperanza espera que algo bueno suceda y es exactamente lo opuesto a los malos presagios con los que viví la mayor parte de mi vida. Podríamos incluso decir que la esperanza es una actitud positiva, pero yo era una persona muy negativa. Pensaba que, al no esperar nada bueno, me estaba protegiendo de la decepción cuando no sucedía.

Es mi oración que nuestro bondadoso Dios le ayude a comprender cuánto ha cambiado mi vida, y sé que Él hará lo mismo por usted; sin embargo, Él no lo hace sin su cooperación. Él le revelará cosas y le dará la gracia para hacerlas, pero usted aún tiene que hacerlas. Prepárese para un largo viaje, pero puede disfrutarlo si celebra cada pequeña victoria con esperanza en lugar de enfocarse en todo lo que aún necesita cambiar en su vida.

4. Comience a enfocarse en los demás.

El miedo a ser rechazada me hizo enfocarme en mí misma, y creo que afecta a muchas personas de la misma manera. Pensaba demasiado en cómo me veía y en lo que la gente pensaba de mí. Preguntas, como *¿Les caigo bien?* y *¿Me invitarán a su fiesta?*, rondaban mi cabeza, y si no me invitaban a la fiesta, me sentía rechazada de nuevo. Mis sentimientos dependían totalmente de cómo me trataban las personas y de lo que me decían. Un cumplido podía hacerme feliz durante unas horas, pero un comentario negativo o incluso una mirada de desaprobación podía hacerme sentir miserable durante días. No dependía de Dios; dependía de las personas para mantenerme feliz. Era como una adicta esperando su próxima dosis. Un cumplido, una mirada de aprobación, ser incluida, hacer bien una tarea o perder unos cuantos kilos... ese tipo de experiencias eran las que necesitaba para mantenerme emocionalmente estable.

El problema con el tipo de vida que acabo de describir es que constantemente necesitaba afirmación y aceptación desde afuera, porque no las tenía por dentro. No conocía el amor de Dios, ni su aceptación y aprobación. No conocía la diferencia entre mi «ser» y mi «hacer». En lugar de encontrar mi valor en ser una hija de Dios, lo buscaba en cómo o en qué estaba haciendo. Estaba agotada todo el tiempo de tanto esforzarme en la carne, tratando en mis propias fuerzas de obtener todas las cosas que necesitaba para sentirme bien, y me enojaba si no las conseguía, especialmente si no las conseguía de Dave.

Encuentre su valor en ser hijo o hija de Dios.

Dave siempre ha sido tranquilo y extremadamente paciente, y debo admitir que me aproveché de esas cualidades suyas. Finalmente, después de llevar varios años casados, comenzó a confrontarme y me dijo que las cosas tenían que cambiar. Dijo que se había dado cuenta de que yo no iba a ser feliz, independientemente de lo que él hiciera. Por lo tanto, me dijo, ya no intentaría hacerme feliz, pero él iba a ser feliz de todos modos y a disfrutar de su vida. Cuando escuché esas palabras, me enojé más que nunca. Me di cuenta de que hablaba en serio, y cumplió su palabra. Dave no fue cruel conmigo, pero disfrutaba de su vida sin importar cómo actuara yo. Probablemente ese fue uno de los mayores actos de amor que haya hecho por mí. Ya no podía controlarlo, y al ver su gozo y paz en medio de toda mi necedad, comencé a desear lo que él tenía. Empecé a tomarme en serio mi relación con Dios y a querer cambiar.

Creo que Dave me confrontó en el momento perfecto. Si lo hubiera hecho antes, probablemente lo habría dejado. Pero para cuando me confrontó, ya tenía suficiente de la Palabra de Dios en mí como para saber que mi comportamiento estaba mal, y no quería perder a Dave, ni vivir en desobediencia a Dios.

5. Apunte a tener una perspectiva correcta.

Ginger escribirá más sobre esto en el próximo capítulo, pero simplemente quiero decir aquí que el rechazo a menudo hace que nuestra percepción sea equivocada o inexacta. Puede impedirnos ver las cosas como realmente son. Esto sucede mucho en las relaciones interpersonales cuando una persona se siente rechazada.

Estar equivocado significa tener o mostrar un juicio o razonamiento defectuoso. Todos tenemos imaginación, y algunas de las cosas que imaginamos necesitan ser derribadas porque son falsas, tal como el apóstol Pablo nos enseña a hacer con nuestros pensamientos.

> «Derribando argumentos y toda altivez que se levanta contra el conocimiento de Dios, y llevando cautivo todo pensamiento a la obediencia a Cristo».
>
> 2 Corintios 10:5 RVR1960

Dele a las personas lo que necesitan, no lo que usted cree que necesitan.

Debido a la raíz de rechazo que había en mí, a menudo percibía que las personas me estaban rechazando cuando no era así. Imaginaba que alguien no me quería o me estaba ignorando cuando quizá estaba ocupado o preocupado, y probablemente ni siquiera estaba pensando en mí. Cuanto más aprendamos a reconocer y rechazar lo que es falso, mejor podremos percibir y abrazar lo que es verdadero, y, según Juan 8:32, eso es lo que nos hace libres.

Aprendí una lección importante sobre perspectivas correctas una vez que fui con Dave a jugar golf. Él no estaba jugando bien en absoluto, así que le di una palmada en la espalda como para decir: «Está bien». Él apartó mi mano y dijo: «No hagas eso. No necesito tu compasión». Me sentí rechazada y herida porque simplemente estaba tratando de consolarlo. Mientras hervía de enojo y me sentía rechazada, Dios me mostró que yo le estaba dando a Dave lo que *percibía* que necesitaba, pero no era lo que *realmente* necesitaba. Le estaba dando lo que yo habría necesitado en esa situación, pero él no necesitaba eso.

Otra revelación.

A menudo intentamos dar a otros lo que nosotros necesitaríamos en una situación similar, pero puede que ellos no necesiten lo que nosotros necesitamos. Cuando no reciben lo que estamos tratando de darles, nos sentimos rechazados. Ahora puedo entender que, como varón, él no quería que yo hiciera de mamá en esa situación en el campo de golf. Podría haberle animado simplemente diciendo: «Eres un muy buen golfista. Solo estás teniendo un mal día».

Las raíces del rechazo se pueden arrancar

Si alguna vez ha cuidado un jardín, sabe que algunas raíces (las raíces de las malas hierbas) deben ser eliminadas. De lo contrario, no pueden crecer flores, plantas o vegetales sanos. Cuando la raíz de una mala hierba ha profundizado su crecimiento, puede hacer falta tiempo y esfuerzo para arrancarla, pero se puede lograr.

Su vida, como la mía, tal vez estuvo arraigada en el rechazo; pero las raíces del rechazo se pueden arrancar, y algo hermoso puede crecer en su lugar. Con la ayuda de Dios, usted puede identificar las raíces del rechazo en su vida y hacer lo necesario para aprender y crecer en un suelo más saludable.

Acérquese más

1. ¿Cómo le anima Salmos 92:13 NVI cuando se trata de arrancar las raíz del rechazo en su vida y reemplazarlas por el amor y la aceptación de Dios?

____

____

2. ¿De qué maneras intenta usted usar el control para evitar el dolor?

____

____

3. ¿Cómo puede dejar ir el enojo que puede sentir?

____

____

4. Haga una lista de cosas simples o cotidianas que podrían traer alegría a su vida.

____

____

5. ¿Por qué es tan poderosa la esperanza?

____

____

6. ¿De qué manera puede hoy desviar su enfoque de usted mismo y dirigirlo hacia otra persona?

____

____

7. ¿Hay alguna situación en su vida que tal vez no esté percibiendo con claridad? ¿Cuál es, y cómo podría cambiar su percepción de ella?

____

____

8. Lea 2 Corintios 10:5 RVR1960. ¿Qué perspectivas erróneas y pensamientos negativos necesita usted derribar? Haga una lista de versículos bíblicos para combatir esos pensamientos.

____

____

CAPÍTULO 8

La lente del rechazo

Ginger

El buen juicio hace al hombre paciente; su gloria es pasar por alto la ofensa.

Proverbios 19:11 NVI

Si vive usted en ciertas partes de los Estados Unidos, quizá recuerde aquel periodo plagado de insectos en 2024 cuando millones de cigarras emergieron simultáneamente y llenaron muchas zonas. Dos camadas diferentes, la de trece años y la de diecisiete años, nacieron al mismo tiempo, y fue un caos. Si vive en un lugar que experimentó el apocalipsis de las cigarras, como se le llamó, probablemente lo recuerde. Los insectos salieron de la tierra con una esperanza de vida de solo seis semanas, y estaban listos para festejar, por así decirlo. El ruido era tan fuerte que apenas se podía pensar. Los grandes insectos volaban en direcciones aleatorias y se estrellaban contra las personas. Se metían en el cabello. Volaban detrás de los cristales de sus lentes. A donde uno fuera, era intensamente consciente de estos insectos. Dominaban su visión y sus pensamientos. Luego, de repente, caían y morían, y su vida se acababa. Después de seis semanas de vivir intensamente, lo único que quedaba eran pequeños cadáveres por todo el suelo.

Lidiar con el rechazo puede ser muy parecido a estar en medio de un apocalipsis de cigarras. Durante un tiempo, el rechazo es lo único que puede ver o escuchar, y abruma sus pensamientos y expectativas. Pero, si puede cambiar su enfoque y contraatacar con las herramientas que está aprendiendo en este libro, aferrándose a la verdad y a lo que Dios dice de usted, verá que con el tiempo el ruido se apaga y su visión se esclarecerá. Será libre.

Si lo espera, lo encontrará

Cuando experimentamos un rechazo particularmente doloroso, o tal vez una serie de desaires y decepciones, eso moldea nuestra visión. Así como un campo visual lleno de cigarras volando hace que veamos el mundo de modo diferente por un tiempo, el rechazo puede hacer que comencemos a ver la vida de manera distinta, a través de una lente de rechazo. Joyce mencionó en el capítulo anterior que el rechazo afecta todas las áreas de la vida, especialmente nuestra visión y perspectiva. Examinemos esto un poco más a fondo.

Usted ha oído hablar de los lentes de color de rosa; piense en esta lente de rechazo como lo opuesto. Cuando hemos sufrido la herida del rechazo, en lugar de tener una visión optimista de la vida, la lente oscura a través de la cual vemos el mundo es la del dolor y la ansiedad. Nos preguntamos cuál será la próxima decepción o experiencia en la que seremos ignorados o pasados por alto. Comenzamos a ver y a esperar el rechazo en todas partes. Incluso comenzamos a imaginar rechazo cuando no es real. Nos preguntamos:

- *¿Qué quisieron decir con eso?*
- *¿Por qué no les caigo bien?*
- *¿Lo hicieron a propósito?*

Cuando espera rechazo, lo encontrará. Usted puede sentirse rechazado por lo que alguien dijo o no dijo, o por lo que pensó que dijeron. Puede volverse hipersensible, y antes de darse cuenta, la gente ya no querrá estar cerca de usted. O, por culpa del miedo al rechazo, se aferra tanto a las personas que ellas se sienten asfixiadas y terminan alejándose. Usted se convierte en un imán que atrae a las personas equivocadas porque tiene mucha hambre de aceptación. La envidia aumenta. Siempre se siente fuera del «círculo». Sus amigos hablan en voz baja y usted supone que están diciendo cosas malas sobre usted, cuando no es así. Decide rechazarlos antes de que ellos le rechacen, y de nuevo, se encuentra solo.

> *Si espera rechazo, lo encontrará.*

Como escribió Sarah en el capítulo 4, el rechazo se convierte en una profecía autocumplida. La lente del rechazo cambia nuestras percepciones, expectativas y acciones. Comenzamos a verlo donde no existe y a empeorarlo donde sí está. Joyce y yo tenemos una amiga hermosa llamada Mischelle, que ha soportado muchos sufrimientos. Ella comparte cómo la lente del rechazo ha influido en su vida.

La historia de Mischelle

> El rechazo ha sido como una sombra que me ha acompañado toda la vida. Me doy la vuelta y ahí está, sin alejarse nunca de mi lado. Lo veo en todas partes.

Vengo de una familia rota por el alcoholismo, la violencia y el divorcio. Cuando era niña, sentía la carga sobre mis hombros de ayudar a mantener todo y a todos unidos. Nunca me sentí segura, valorada ni escuchada. Algunos familiares abusaron de mí sexualmente, así que siempre estaba luchando por protegerme. Desde entonces, parecía que siempre había algún hombre intentando algo, y esa sombra seguía persiguiéndome dondequiera que iba.

El rechazo se manifiesta en nuestras vidas de distintas maneras, aunque no siempre lo reconozcamos. En mi caso, una de las formas en que intentaba eclipsar el rechazo con el que luchaba era esforzándome demasiado por lograr cosas. El problema con esto es que, cuando a alguien no le gustaba mi trabajo, yo lo veía como un rechazo hacia mí, no solo hacia mi idea o lo que hago. Era un ataque hacia mi persona, lo que me dejaba constantemente al borde de la defensiva.

La ira era mi emoción predeterminada, el portero en la puerta. La necesitaba para proteger mi corazón y evitar que me hirieran o usaran; necesitaba la ira para defenderme del rechazo. Admitir que me siento rechazada es la mitad de la batalla: una se siente débil, rota y horrible. Ahora Dios me ha permitido reconocer el rechazo para poder verlo por lo que realmente es: una mentira. Puedo ver cómo distorsiona mi perspectiva. Sé que la ira es un mecanismo de protección. Sé qué hacer con este espíritu defensivo, así que ahora le entrego todo al Señor. Dios es mi protector, y su amor me rodea por completo.

Cuando todo es tan dañino y vergonzoso, lo primero que uno quiere hacer es aislarse, pero por favor no viva la vida en soledad. Sea valiente, confíe en Dios, y busque personas seguras que le escuchen, lloren con usted, y le digan la verdad. Pase lo que pase, no se suelte, incluso cuando quiera hacerlo (yo quise hacerlo). Nunca se rinda con respecto a lo que Dios puede hacer. Ahora me esfuerzo por aferrarme a la verdad de lo que Dios dice sobre mí, en lugar de caer en la trampa del rechazo y la autocompasión. He experimentado el amor sanador y restaurador de Dios del que habla Salmos 147:3; Él realmente está sanando mi corazón quebrantado y vendando mis heridas.

Mischelle y yo hemos pasado mucho tiempo conversando. Ella también ha experimentado el impacto de la pornografía dentro de su matrimonio, pero está aprendiendo a ver la vida a través de un filtro diferente, uno que reconoce su valor y dignidad en Cristo, y uno en el que la luz del amor de Dios vence la sombra del rechazo.

Anhelo de conexión

Ver la vida a través de la lente del rechazo, junto con el temor a ser rechazado de nuevo, puede dificultar las relaciones. Cuando deseamos conectar con las personas y simplemente no parece funcionar, duele. Desarrollar relaciones reales toma tiempo, pero conectar con las personas equivocadas es peor que estar solo. Hay temporadas en nuestra vida en las que no tenemos a tantas personas a nuestro lado como en otras. A veces hemos sido heridos y necesitamos tiempo para sanar. En otras ocasiones, Dios nos está protegiendo de relaciones que no serían buenas para nosotros. O quizá Él está haciendo algo inesperado.

Desarrollar relaciones reales toma tiempo.

Recuerdo una temporada en la que parecía que muchos de mis amigos estaban desapareciendo. Fue una época solitaria. Una de mis mejores amigas no respondía por mucho que yo tratara de comunicarme con ella. Llamé y dejé mensajes. Pasé por su casa, pero nada. Habíamos sido muy cercanas, y me sentí terriblemente rechazada. Mientras oraba al respecto, me di cuenta de que quizá no era lo que parecía. Entonces Dios puso en mi corazón que dejara de sentir lástima de mí misma y que comenzara a orar por ella. Tal vez estaba viendo esto de la manera equivocada. Cuando comencé a orar por ella, mi perspectiva cambió. Llevé un pequeño obsequio y lo dejé en su casa con una nota que simplemente decía: «Estoy aquí si me necesitas». Y seguí orando.

Entonces, un día, supe de ella y me compartió que había estado terriblemente deprimida y no podía acercarse a nadie. Dijo que agradecía la nota que dejé y que estaba lista para hablar. A través de mi lente de rechazo supuse que todo se trataba de mí, cuando en realidad ella estaba atravesando un profundo dolor. Necesitaba el apoyo de una verdadera amiga: amor, oración y paciencia en lugar de ofensa. Hoy, muchos años después, sigue siendo una de mis amigas más queridas.

Durante ese tiempo, Dios también me mostró que me había vuelto más dependiente de mis amigos que de Él. En lugar de aferrarme al rechazo y a la sensibilidad, necesitaba acercarme más a Dios. En esa temporada, llevé mis preocupaciones, esperanzas y sueños directamente a Él, sin el filtro de la perspectiva de nadie más, y mi relación con Él creció de maneras hermosas. Experimenté Santiago 4:8 en acción: «Acérquense a Dios, y Él se acercará a ustedes» (NBLA). A veces, Dios necesita captar nuestra atención porque quiere hacer algo maravilloso en nuestra vida. Con el tiempo, mis amigos superaron sus temporadas de ocupaciones, distracciones y desafíos, y volví a disfrutar de esas relaciones. Aprecio mucho a mis amigos, pero aún conservo esa valiosa lección hasta el día de hoy.

Espera lo mejor

Una de las mejores maneras de quitarse los lentes del rechazo es esta: en lugar de esperar ser herido, elija esperar lo mejor. Espere cosas buenas de parte de Dios y de las personas. Conceda a los

Decida esperar lo mejor.

demás el beneficio de la duda. Cuando me comprometí a hacer esto hace muchos años atrás, mi perspectiva cambió y mi mundo se volvió un lugar más feliz. Filipenses 4:8 nos enseña: «Por último, hermanos, consideren bien todo lo verdadero, todo lo respetable, todo lo justo, todo lo puro, todo lo amable, todo lo digno de admiración, en fin, todo lo que sea excelente o merezca elogio» (NVI). No busque lo peor; busque la belleza. Pruébelo, ¡y verá cómo crecen su esperanza y su gozo!

Es cierto que a veces se sentirá decepcionado. A mí ciertamente me ha pasado. Las personas no siempre hacen lo que es mejor. Pero prefiero esperar lo mejor y decepcionarme de vez en cuando que estar siempre preparada para lo peor y vivir bajo la sombra constante de la sospecha y la duda. ¿Por qué enfocarse en algo que tal vez ni siquiera suceda? De vez en cuando seremos heridos, pero eso sigue siendo mejor que buscar lo peor, porque cuando hacemos eso, solemos encontrarlo. Incluso podemos provocarlo en los demás. Prefiero esperar lo mejor y ser feliz; no ingenua ni delirante, sino caminar en el gozo que Dios promete en lugar de temer lo que podría causar la decisión que pueda tomar otra persona o su siguiente paso. Y he descubierto que, cuando espero lo mejor, la mayoría de las veces eso es lo que obtengo.

Le animo a decidir amar como Pablo lo describe en 1 Corintios 13:7: el amor «Todo lo sufre, todo lo cree, todo lo espera, todo lo soporta» (RVR1960). El amor cree lo mejor de los demás y espera, o anticipa, que ocurra lo mejor.

Cultivar esta forma de ver la vida fue revolucionario para mí. Pruébelo y vea lo que ocurre.

Quizá se pregunte qué quiso decir Pablo con «el amor todo lo soporta» y «todo lo sufre»; yo ciertamente me lo pregunté. ¿Significa que tenemos que aguantar cualquier cosa y ser una alfombra que todos pisan? ¿Debe una mujer que está siendo maltratada resistirlo, o alguien cuyo cónyuge le está siendo infiel simplemente soportarlo? Claro que no. He aprendido que significa que el amor es fuerte. Se preocupa lo suficiente como para enfrentar temas difíciles, establecer límites, y amar como lo hace Jesús cuando enfrentamos tiempos difíciles. No significa que debamos quedarnos en situaciones peligrosas, ni pasar por alto la injusticia. Significa que el amor de Dios (un amor más grande que el amor romántico) puede resistir incluso después de que hayamos sido heridos. Su amor no puede ser derrotado.

Intenta ofenderme

Niéguese a ofenderse si alguien intenta hacerle daño.

Cuanto más difícil sea ofendernos, menos lucharemos con el rechazo. Es divertido negarse a sentirse ofendido cuando alguien está intentando herirle. Eso frustra al otro, y debo admitir que lo disfruto. Le quita el poder y lo pone en las manos de Dios, porque allí es donde estamos depositando nuestra confianza.

Intente ser inmune a las ofensas. Tomar la decisión de soltar es muy beneficioso. Recuerde que no será del agrado de todos. Es normal que no tenga una relación estrecha con todos. Una vez contraté a una asistente, y sentí que las cosas iban bien; pero después de unas semanas, ella vino a decirme que sentía que la relación no estaba funcionando. No creía que nuestras personalidades fueran compatibles. ¡Ay! Al principio, me sentí un poco ofendida. Era un trabajo estupendo. Y es muy divertido trabajar conmigo. ¿Cómo no se daba cuenta? Pero, al final, la despedí con una bendición y decidí verlo como parte de la vida, no como rechazo. Ella estaba más feliz, y mi siguiente asistente fue la persona perfecta.

Es importante decir aquí que hay momentos en los que necesitamos mantenernos firmes. Ser difícil de ofender no significa aceptar situaciones inapropiadas o injustas. Jesús se sintió profundamente perturbado por las personas que estaban abusando de la casa de su Padre, el templo, y las echó fuera (Mateo 21:12-13). Cuando Tim trajo pornografía a nuestra casa, no dije: «¿Sabes qué? Está bien. Decido no ofenderme». Esa no es la definición de amor de Dios hacia Tim ni hacia mí. Era perjudicial para nuestra familia, era perjudicial para él, y había que hacer algo. Pero, incluso en ese tipo de situaciones, podemos elegir. Podemos seguir consumiéndonos por la ofensa, o podemos encontrar una manera de cambiar nuestra perspectiva y enfocarnos en lo que hace falta para avanzar.

Prepárese. Ser difícil de ofender no surge de manera

natural. Requiere compromiso y práctica. Requiere un cambio en nuestra manera de pensar y, sobre todo, ayuda sobrenatural. Pídale al Espíritu Santo que le guíe en esto, y Él lo hará; ciertamente me ha guiado a mí. Y recuerde: usted tampoco es perfecto. Dé a las personas la misma misericordia que desearía que le dieran a usted. Estas dos escrituras siguientes continúan ayudándome en mi camino hacia ser inmune a las ofensas y amar a los demás. Oro para que también le ayuden a usted:

Recuerde que usted tampoco es perfecto.

> «No prestes atención a todo lo que se dice y así no oirás cuando tu siervo hable mal de ti, aunque bien sabes que muchas veces también tú has hablado mal de otros».
>
> Eclesiastés 7:21-22 NVI

> «Siempre humildes y amables, pacientes, tolerantes unos con otros en amor. Esfuércense por mantener la unidad del Espíritu mediante el vínculo de la paz».
>
> Efesios 4:2-3

Rechace la ofensa. No se lo tome como algo personal. En cambio, suelte todas esas cosas que sostiene tan fuertemente en cada área de su vida y entréguelas a las amorosas manos de Dios. Independientemente de lo que las personas digan o hagan, usted puede soltarlo cuando confía en que es Él quien lo sostiene todo y se preocupa por ello:

- Sus relaciones interpersonales
- Su reputación
- Su éxito
- Su futuro
- Su corazón

Evite el precipicio

Hay momentos en los que nos sentimos alterados, con el filtro del rechazo activado al máximo, y queremos explotar. Antes de hacerlo, dé un paso atrás y considere hacer lo siguiente:

- Observe la situación lógicamente en lugar de hacerlo a través de la lente del rechazo. Pregúntese: *¿Este rechazo es real o percibido? ¿Es posible que esté siendo más sensible debido a las heridas que he experimentado?*
- Espere lo mejor. Tal vez no tiene todos los hechos. Puede que haya circunstancias atenuantes.
- Recuerde que, cuanto más ame a alguien, más puede esa persona herirle, a veces sin querer hacerlo. Tal vez lo que la persona hizo o dijo no fue intencional.
- Pregúntese: *¿Estoy siendo difícil de ofender? ¿Vale la pena alterar mi vida por esto? ¿Puedo elegir dejarlo pasar?*
- Y recuerde que la otra persona ve la vida a través de *su propio filtro* de dolor y heridas. La situación puede

tener poco que ver con usted. La lente a través de la cual le ve puede estar teñida por su crianza, creencias, circunstancias actuales o rechazos.

Ahora es el momento de quitarse esa lente teñida de rechazo. ¿Recuerda las preguntas con las que comencé?

- ¿Qué quiso decir con eso?
- ¿Por qué no le caigo bien?
- ¿Lo hizo a propósito?

Deje de preocuparse por lo que la gente piense y simplemente preocúpese por las personas.

Déjeme decirle algo: la verdad es que no importa. Probablemente nunca sabrá las respuestas a esas preguntas. Usted no es responsable de los motivos de otras personas, solo de cómo responde usted. Es hora de dejar de preocuparse por lo que la gente piensa y simplemente preocuparse por la gente. Cuando experimente el dolor del rechazo y la ofensa, Dios cuidará de su corazón.

Acérquese más

1. ¿En qué sentido podría usted estar viendo a través de una lente de rechazo?

____

____

2. ¿En qué aspectos se identifica con la historia de Mischelle?

3. Lea Filipenses 4:8. ¿Cómo describe ese versículo la idea de «esperar lo mejor»?

4. ¿Qué significa para usted esta afirmación: «Mientras más difícil sea que nos ofendan, menos lucharemos con el rechazo»? ¿Qué hará para volverse una persona difícil de ofender?

5. Escriba su plan para «evitar el precipicio». Téngalo presente y practíquelo cuando surjan sentimientos de rechazo.

CAPÍTULO 9

Muros de protección

Joyce

Ya no se sabrá de violencia en tu tierra ni de ruina y destrucción en tus fronteras, sino que llamarás a tus muros "Salvación", y a tus puertas, "Alabanza".

Isaías 60:18 NVI

Cuando las personas han sido profundamente rechazadas, tratan de encontrar maneras de protegerse para no volver a sentir el dolor de ser menospreciadas, ignoradas, heridas, o excluidas. A veces lo hacen incluso sin darse cuenta. Una manera en que intentan protegerse es levantando muros simbólicos a su alrededor: maneras de relacionarse que impidan que otros se acerquen demasiado.

Los muros se construyen para protección. Algunas personas levantan muros alrededor de sus casas. Las ciudades y pueblos antiguos tenían murallas para protegerse de sus enemigos. Cuando alguien me hace daño, puedo sentir cómo se levantan muros invisibles entre nosotros. Soy yo quien los levanta, y solo yo puedo derribarlos. El muro puede ser un miedo a volver a ser herida, y solo puede derribarse siendo valiente. El muro podría ser enojo, y solo puede destruirse con perdón.

> *Cuando levanta muros para excluir a otros de su vida, se encierra a sí mismo.*

Cuando levantamos muros para excluir a otros de nuestras vidas, nos encerramos a nosotros mismos. Nos encarcelamos en el aislamiento pensando que así evitaremos el dolor, pero en realidad estamos haciendo lo contrario. Puede que usted excluya a alguien de su vida, pero entonces se sentirá solo. Como creyentes en Cristo, somos parte de su cuerpo. La iglesia es llamada el cuerpo de Cristo, y cada parte individual es necesaria e importante. Cuando una parte del cuerpo (una persona) resulta herida y decide retirarse, eso afecta a todo el cuerpo.

Dios me mostró un buen ejemplo de esto un día que me pisé un pie con el otro. Inmediatamente retiré el pie adolorido y comencé a frotarlo con mis manos. Cuando una parte del cuerpo duele, las otras partes acuden al rescate. Finalmente tuve que volver a poner el pie en el piso y comenzar a caminar otra vez. La vida funciona de la misma manera cuando alguien nos hace daño. Tal vez nos retiramos automáticamente al principio, pero con el tiempo debemos volver a implicarnos o no podremos funcionar adecuadamente.

Cuando mi pie estaba herido, si hubiera dicho: «Nunca volveré a usar mi pie, porque no quiero que se vuelva a lastimar», sería absurdo. Ninguno de nosotros haría eso, y tampoco deberíamos alejarnos de nuestra familia de la iglesia o de nuestra familia y nuestros amigos naturales cuando sufrimos heridas emocionales. Al relacionarnos con personas, corremos el riesgo de ser heridos. Nos hieren y herimos a otros. Esto es parte de las relaciones interpersonales. Nos hieren, perdonamos, y volvemos a implicarnos.

Una vez escuché que un niño pequeño promedio, de entre doce y diecinueve meses de edad, se cae alrededor de diecisiete veces por hora mientras aprende a caminar. ¡Eso equivale a más de cien veces al día! Me sorprendió porque no recordaba que mis hijos se cayeran tanto, pero tal vez sí lo hacían. Los niños pequeños se caen, se lastiman y a veces lloran, pero luego se levantan y lo intentan de nuevo. Tengo un bisnieto que está empezando a caminar. Mi hija me contó que camina hasta que se cae, y luego vuelve a gatear un rato antes de levantarse e intentar caminar de nuevo. En otras palabras, se retira de caminar por un tiempo, pero siempre vuelve a intentarlo.

Quizá usted haya sido profundamente rechazado en algún momento y se ha alejado de un lugar o una persona, o incluso de la vida. Si es así, le animo con todo mi corazón a volver a intentarlo. Usted se está haciendo más daño a sí mismo que a la persona o personas que le hirieron. Obviamente, no estoy sugiriendo que se implique con alguien que le ha estado maltratando. Usted tiene derecho a protegerse de ese tipo de trato.

Votos internos

Abra su corazón y deje entrar a otros.

Cada vez que alguien me rechazaba o me hería, hacía un voto en mi corazón de que no permitiría que nadie más volviera a hacerlo. Decidí que ningún hombre volvería a decirme qué hacer, después de años de haber sido controlada por mi padre. Decidí que nunca me acercaría lo suficiente a alguien como para permitir que me hiciera daño, así que siempre mantenía a las personas a lo que yo pensaba que era una distancia segura. No abría mi corazón, ni dejaba entrar a nadie. Tenía relaciones interpersonales, pero nunca cercanas. Siempre había una parte de mí que mantenía cerrada. Aunque en ese momento no me daba cuenta, vivir de esa manera no era bueno para mí, y ciertamente no era la voluntad de Dios para mi vida.

Para ser sanada por completo, tuve que romper esos votos internos. Podría decirse que tuve que salir de mi escondite, y aunque daba miedo, tuve que abrir mi corazón a las personas y confiar en que, cuando me hirieran, Dios me sanaría. ¿Ha hecho usted algún voto interno que necesita romper? Una vez que haya identificado cualquier voto interno que haya hecho, simplemente ore y arrepiéntase por haberlo hecho, y pídale a Dios que le libere de ellos y le ayude a confiar en Él para hacer lo que sea necesario en su vida.

Deje de fingir

Una manera en que a menudo tratamos de protegernos del rechazo es fingir que nada nos duele. Lo que transmitimos es este mensaje: «No puede herirme, porque no me importa». Si alguien dice: «Lamento si le herí», podríamos mentir, actuar con dureza y responder: «No me hizo daño». Pero esto no sería verdad. El salmista David dice que Dios desea «la verdad en lo íntimo», y ora: «por lo tanto, hazme conocer la sabiduría en lo más profundo de mi corazón» (Salmos 51:6 AMPC, traducción libre).

Si alguien me hería, yo me decía a mí misma: *No necesito a esta persona. Puedo arreglármelas sola.* Fuimos creados para trabajar juntos, para necesitarnos unos a otros y participar juntos, y toda la apariencia del mundo no cambiará eso. Nuestra fuerza se multiplica por diez cuando trabajamos unidos. Como enseña Deuteronomio 32:30, con la ayuda de Dios, una persona puede hacer huir a mil y dos pueden hacer huir a diez mil. Es importante ser veraces, porque cuando mentimos a otras personas, también nos mentimos a nosotros mismos. Es mucho mejor decir la verdad a los demás y a nosotros mismos, y vivir en amor al hacerlo:

Cuando miente a otras personas, se miente a sí mismo.

> «Que nuestras vidas expresen la verdad en amor [en todo lo que hagamos; hablando la verdad, siendo justos en nuestras acciones y viviendo honestamente]. Envueltos en amor, crezcamos en todo y en todo para parecernos a aquel que es la cabeza; Cristo (el Mesías, el ungido)».
>
> Efesios 4:15 AMPC, traducción libre

Fingir que nada podía herirme me hacía sentir que siempre tenía que ser fuerte. Sentía que debía ser quien aceptara la responsabilidad, quien lo arreglara todo. Eso era agotador, y con el tiempo, el estrés comenzó a manifestarse en mi cuerpo y mis emociones. Nadie puede ser fuerte todo el tiempo; de vez en cuando necesitamos decir: «No puedo hacerlo». Podemos hacer cualquier cosa que Dios quiera que hagamos, pero no todo lo que los demás quieren; ni siquiera todo lo que nosotros queremos hacer.

Hace poco me di cuenta de que, cada vez que le preguntaba a un cristiano cómo estaba, casi siempre decía: «Bien». Sabía que no siempre podía ser cierto, así que he decidido que voy a decir la verdad. Si tengo dolor de cabeza, diré: «Me duele la cabeza, pero confío en que Dios me sanará». Si estoy cansada, diré: «Estoy cansada, pero sé que Dios me dará nuevas fuerzas».

Una vez prediqué un mensaje sobre esto, animando a las personas a ser reales entre sí y no fingir que todo está bien si no lo está. Quiero que la gente ore por mí, y no pueden hacerlo eficazmente si no les digo la verdad sobre lo que está sucediendo. Tal vez hay personas con quienes no queramos compartir mucho, pero al menos deberíamos decir: «Estoy lidiando con algo, pero Dios me está ayudando». Si insisten en saber qué es, simplemente podemos decir que no queremos hablar de ello.

Ser veraces, especialmente con nosotros mismos, es muy importante. Recientemente leí que la integridad espiritual es la capacidad de ser brutalmente honesto con uno mismo. ¿Realmente se conoce a sí mismo, o tiene miedo de mirarse con honestidad? Una forma de conocerse mejor es examinar sus motivaciones para ver si son puras. Hagámonos estas preguntas: *¿Estoy haciendo algo solo para evitar que alguien me rechace o se enoje conmigo? ¿O realmente creo* *que debo hacerlo? ¿Estoy haciendo algo para que piensen bien de mí, o porque creo que es lo correcto?*

Dejemos de fingir, seamos reales, y decidamos ser honestos siempre. Podemos decir la verdad sin ser negativos. Decir a las personas que se siente mal podría considerarse negativo, pero decir: «No me siento muy bien, pero creo que el poder sanador de Dios está obrando en mí y espero sentirme mejor pronto» es decir la verdad de una manera positiva y constructiva.

Autodefensa

La autodefensa es otro muro que construimos para tratar de protegernos del dolor del rechazo. Cada vez que alguien nos hiere o dice algo negativo sobre nosotros, podemos sentir la tentación de levantar muros defendiéndonos verbalmente porque queremos que crean que somos una buena persona. Tales conversaciones a menudo terminan en discusiones acaloradas y más sentimientos heridos.

A veces, cuando nuestros muros se levantan porque nos sentimos rechazados por una persona, pensamos: *Voy a hacer que se sienta más miserable de lo que me está haciendo sentir a mí.* Pero Dios es nuestro defensor, y quiere que confiemos en que Él hará justicia. Él es nuestro protector y nuestro consolador. Primera de Corintios 13:5 NTV dice que el amor no «lleva un registro de las ofensas recibidas». El mejor

Perdone a las personas que le hagan daño.

curso de acción es perdonar a la persona que le hirió y dejar que Dios se encargue. Sé que esto no siempre es fácil, pero la gracia de Dios nos ayudará a hacerlo si estamos dispuestos. O bien, cuando alguien me hiere, puedo decidir enfrentarlo y corregirle para que sepa cómo tratar bien a las personas. Como maestra, he tenido que aprender cuándo y dónde deben operar mis dones, y cuándo estoy tratando de hacer algo que Dios no me ha pedido que haga. Si alguien nos trata mal y en lugar de responder decidimos perdonar y orar por esa persona, Dios como nuestro defensor se encargará de la situación. Puede que no lo haga de la manera que queremos o en el momento que queremos, pero lo hará.

¿Se ha dado cuenta de que Jesús nunca intentó defenderse, por mucho que lo acusaran? En lugar de eso, se encomendaba a Dios, que juzga con justicia (1 Pedro 2:23). Cuando confiamos completamente en Dios y nos ocupamos de hacer su obra en lugar de esforzarnos por protegernos, notamos cada vez menos el rechazo, porque no estamos enfocados en cómo nos hacen sentir los demás.

Si siente la tentación de defenderse, quiero recordarle que el Espíritu Santo es su abogado. Esto significa que actúa como un abogado defensor y presentará su caso. No es tarea de usted, así que deje que Él sea su defensa.

Intentar comprar protección del rechazo

Conozco a una mujer que tiene una raíz profunda de rechazo y es extremadamente insegura. Con frecuencia compra regalos para la gente, pero lo hace para comprar su amistad. Sus regalos llegan con condiciones. Cuando damos, deberíamos hacerlo libremente, sin esperar nada a cambio.

Cuando alguien le presta atención a esta mujer, ella le agobia porque tiene una necesidad desesperada de amor y afecto. Nunca recibió estas cosas de su esposo, quien la engañaba habitualmente con otras mujeres y la maltrataba físicamente y verbalmente. Por supuesto que me compadezco de ella, pero ella no se da cuenta lo que está haciendo. De verdad cree que da regalos porque es una buena persona. Incluso habla con frecuencia de lo mucho que hace por los demás.

Asegúrese de que este tipo de comportamiento no sea un patrón en su vida.

Una vez quise formar parte de cierto grupo de personas en una iglesia a la que asistía. Para que eso sucediera, tenía que agradarle a una mujer en particular; de lo contrario, no iba a entrar al grupo. Compré su afecto con cumplidos y regalos, y sí logré entrar al grupo, tal como pensaba que quería. Pero, al final, esas fueron las primeras personas que me rechazaron cuando Dios me llamó a enseñar su Palabra. Recuerde siempre que, si consigue una amistad comprándola, tendrá que seguir pagando para mantenerla. Este tipo de conducta no agrada a Dios, porque Él quiere que nuestros motivos sean puros.

La autodefensa y otros medios para evadir el rechazo parecen tener sentido cuando nos han herido, pero están llenos de trampas. Querer defenderse del dolor es natural, pero tenga cuidado con los problemas que eso puede causar. En lugar de eso, le animo a que comience a confiar en Dios como su protector y que pida al Espíritu Santo que le guíe en cada paso del camino. Cuando lo haga, le aseguro que será una persona más sana y más feliz.

Acérquese más

1. ¿Cómo redefine Isaías 60:18 NVI la protección para usted? Dice: «Ya no se sabrá de violencia en tu tierra ni de ruina y destrucción en tus fronteras, sino que llamarás a tus muros "Salvación", y a tus puertas, "Alabanza"».

   ____

   ____

2. Joyce escribe: «Cuando levantamos muros para excluir a otros de nuestras vidas, nos encerramos a nosotros mismos». ¿Cómo ha visto usted esta verdad en su vida?

   ____

   ____

3. Joyce observa que, en las relaciones, «nos hieren, perdonamos y nos implicamos de nuevo». ¿Por qué es importante implicarse de nuevo?

   ____

   ____

4. ¿Cuáles son algunos ejemplos de los muros de protección mencionados en este capítulo que usted necesita derribar?
   - Votos internos

     ____

     ____
   - Fingir estar bien

     ____

     ____
   - Desviar el dolor

     ____

     ____
   - Estar a la defensiva

     ____

     ____
   - Comprar relaciones interpersonales

     ____

     ____
5. ¿Qué otros muros de protección podría haber levantado usted a su alrededor que necesitan ser derribados?

   ____

   ____

CAPÍTULO 10

Perfeccionismo y rechazo

Joyce

No es que ya lo haya alcanzado o que ya haya llegado a ser perfecto, sino que sigo adelante, a fin de poder alcanzar aquello para lo cual también fui alcanzado por Cristo Jesús.

Filipenses 3:12 NBLA

Dios nos llama a la perfección (Mateo 5:48), pero su Palabra también nos dice que tendremos que trabajar para alcanzarla mientras vivamos en la tierra (Filipenses 3:12). Mateo 5:48, en la Biblia Amplificada, edición clásica, nos ayuda a entender esto:

> «Por lo tanto, deben ser perfectos [creciendo hasta alcanzar la completa madurez de la piedad en mente y carácter, habiendo alcanzado el nivel apropiado de virtud e integridad]». (AMPC, traducción libre).

Dios me ha mostrado que hay dos caminos hacia la perfección: el camino ilegal y el camino legal. El camino ilegal es esforzarse por perfeccionarnos complaciendo a todos, convirtiéndonos en adictos al trabajo para intentar demostrar que podemos tener éxito, y esforzándonos tanto por ser perfectos que terminamos agotados. El camino legal es aceptar al Perfecto, Jesucristo, como su Señor y Salvador. Cuando lo hace, Él le convierte en la justicia de Dios en Él (2 Corintios 5:21). Él le lava con su sangre, le limpia, perdona todos sus pecados y no se vuelve a acordar de ellos (Hebreos 8:12; 1 Juan 1:7). Usted es perfecto ante sus ojos. Él le ve como un producto terminado, y usted será exactamente como Él lo planeó antes de que el pecado entrara al mundo. Él no está enojado porque usted no haya alcanzado aún la perfección en su vida diaria. Lo único que Él quiere es que siga avanzando para ser más como Él, que le ame y reciba el amor y la aceptación que Él tiene para usted.

Dios ha prometido cambiarnos en un abrir y cerrar de ojos cuando Jesús regrese para llevarnos al cielo con Él (1 Corintios 15:52). Esto significa que todo lo que aún falte en nosotros será completado en ese momento.

> «Y estoy seguro de que Dios, quien comenzó la buena obra en ustedes, la continuará hasta que quede completamente terminada el día que Cristo Jesús vuelva».
>
> Filipenses 1:6 NTV

Todos deberíamos avanzar hacia la meta de la madurez espiritual, y deberíamos poder ver un progreso constante por medio de la obra del Espíritu Santo en nuestras vidas. Pero, como personas imperfectas, siempre cometeremos errores. La perfección suena muy bien, y cuando hemos enfrentado el rechazo en nuestras vidas, debemos tener cuidado de no caer en la trampa de intentar ser perfectos para obtener aceptación.

¿Me protegerá la perfección del rechazo?

No debemos esforzarnos por ser perfectos, ni alcanzar la perfección para evitar el rechazo o para hacer que otros piensen bien de nosotros. Deberíamos hacer todo como si lo hiciéramos para el Señor, no para obtener cosas de las personas, ni pensando que podemos obtener el favor de Dios si nunca cometemos errores. Por mucho que intentemos ser perfectos por nuestra cuenta, no funcionará, y puede que experimentemos rechazo de todos modos.

Un perfeccionista, hablando en general, es alguien que se niega a aceptar cualquier cosa que no sea la perfección. Los perfeccionistas exigen hacer todo sin errores. Sienten que no deben tener fallos y, por lo general, exigen lo mismo de los demás. Algunas personas tratan de ganarse la aceptación a través de la perfección. *Después de todo*, piensan, *si soy perfecto, ¿qué podrán encontrar de malo en mí? Si hago todo bien, me aceptarán. De esa manera seré aceptado, no rechazado.*

El perfeccionismo es la tendencia a imponer exigencias poco realistas a uno mismo o a otras personas. Algunos rasgos comunes del perfeccionismo incluyen miedo al fracaso, autocrítica, pensamientos obsesivos, búsqueda de reafirmación, establecimiento de metas inalcanzables, y pensamientos negativos sobre uno mismo debido a errores o fracasos.

Las personas que han sido rechazadas y aún cargan con el dolor de ese rechazo a menudo recurren al perfeccionismo para no tener que soportar de nuevo ese dolor. El dolor del rechazo es tan intenso que, como he mencionado, muchas veces construimos sistemas para protegernos de él. El perfeccionismo es uno de esos sistemas, pero la perfección tiene un precio. Cuando buscamos ser perfectos o actuar sin fallos, siempre terminaremos decepcionados porque estamos tratando de alcanzar una meta inalcanzable. Incluso si pudiéramos ser perfectos, algunas personas igual nos rechazarían porque envidiarían nuestra perfección. Otros nos rechazarían por sus propios problemas e inseguridades, no por los nuestros.

Todos tenemos debilidades

Durante años me esforcé mucho por ser perfecta y por ser siempre fuerte. Recuerdo el día en que Dios susurró en mi corazón: «Joyce, está bien que tengas debilidades». Sentí como si me hubieran quitado mil kilos de encima. Nadie quiere tener debilidades, pero todos las tenemos. Tenemos tanto fortalezas como debilidades. Dios quiere que usemos nuestras fortalezas y que confiemos en Él para que sea fuerte en medio de nuestras debilidades. Incluso el apóstol Pablo tenía una debilidad a la que se refería como «una espina en mi carne» (2 Corintios 12:7). Veamos lo que dijo al respecto en 2 Corintios 12:7-10 NBLA:

> «Para impedir que me enalteciera, me fue dada una espina en la carne, un mensajero de Satanás que me abofetee, para que no me enaltezca. Acerca de esto, tres veces he rogado al Señor para que lo quitara de mí. Y Él me ha dicho: "Te basta Mi gracia, pues Mi poder se perfecciona en la debilidad". Por tanto, con muchísimo gusto me gloriaré más bien

> en mis debilidades, para que el poder de Cristo more en mí. Por eso me complazco en las debilidades, en insultos, en privaciones, en persecuciones y en angustias por amor a Cristo, porque cuando soy débil, entonces soy fuerte».

Algunas traducciones de la Biblia llaman a la espina en la carne de Pablo, «un mensajero de Satanás». Nadie parece estar seguro de qué era esa espina. Algunos piensan que eran las dificultades que Pablo experimentaba debido a su ministerio; otros creen que era una dolencia física o quizá una persona que le resultaba molesta. Esa espina le fue dada a Pablo para que no se enalteciera por las «grandes revelaciones» que Dios le había dado (v. 7). Fuera lo que fuera esa espina, es evidente que Dios la consideraba una debilidad, y se negó a quitarla aunque Pablo se lo pidió tres veces (vv. 8-9). Dios le dijo a Pablo que su gracia era suficiente y que su poder se perfeccionaba en la debilidad (v. 9). Pablo dijo que se gloriaría en sus debilidades para que el poder de Cristo morara en él (vv. 9-10).

Hebreos 4:15 nos enseña que tenemos un Sumo Sacerdote que puede compadecerse de nuestras debilidades. Este versículo y otros que hablan sobre la debilidad humana nos liberan de la presión de ser perfectos todo el tiempo (Mateo 26:41; Romanos 8:26, 15:1). Todos queremos hacer nuestro mejor esfuerzo, pero si pudiéramos comportarnos de manera perfecta y no herir nunca a nadie, no habría necesidad de que la Biblia incluyera enseñanzas sobre el perdón. En cambio, nos habla de recibir el perdón de Dios (Salmos 103:12; Efesios 1:7; 1 Juan 1:9) y de mostrarlo a los demás (Mateo 6:14; Efesios 4:32; Colosenses 3:13).

La vida es maravillosa cuando uno se enfoca en las alegrías y en las cosas buenas que ha experimentado, pero si se enfoca solo en el dolor que ha soportado, puede parecer que el dolor es lo único que hay en la vida. Intentar evitar el sufrimiento del rechazo o de otras heridas es un trabajo más difícil que simplemente lidiar con situaciones difíciles o dolorosas cuando se presentan.

Cuando las personas creen erróneamente que son perfectas, pueden volverse orgullosas y juzgar a quienes no hacen las cosas como ellas. Un perfeccionista es una persona insegura, y trata de demostrar que tiene valor a través de la perfección. Si exige perfección, no solo de sí misma sino también de quienes le rodean, será imposible de complacer y experimentará más rechazo debido a la presión que ejerce sobre sí misma y sobre los demás.

Haga lo correcto y ore por quienes le hacen daño

Si usted quiere que las personas le amen, muéstreles misericordia y haga todo lo que pueda para ayudarles a sentirse bien consigo mismas. No sea exigente ni crítico con cada pequeño error que cometen. No podemos obligar a las personas a que nos amen, pero sí podemos tratarlas bien, incluso si nos han herido. Cada uno de nosotros es responsable ante

¿Por qué preocuparse de lo que los demás piensen de usted?

Dios solo por sus propias acciones, no por las de los demás. Los misericordiosos recibirán misericordia (Mateo 5:7). Le animo a decidir que hará lo correcto sin importar lo que hagan los demás.

La mayoría de las personas que desarrollan maneras de intentar protegerse del rechazo ni siquiera se dan cuenta de lo que están haciendo. Yo no me daba cuenta, y cada vez que Dios me mostraba otra forma en que trataba de protegerme, se aliviaba un poco más la presión. Pero también era difícil renunciar a mis mecanismos de autoprotección.

¿Por qué nos preocupa tanto lo que la gente piense de nosotros? Sus pensamientos no pueden hacernos daño. Las palabras pueden herirnos, pero solo si les damos permiso para hacerlo. ¿Cree usted que Jesús alguna vez se preocupó o le importó lo que las personas pensaban de Él, lo que decían sobre Él, o si le juzgarían?

> «Fue despreciado y rechazado: hombre de dolores, conocedor del dolor más profundo. Nosotros le dimos la espalda y desviamos la mirada; fue despreciado, y no nos importó... Fue oprimido y tratado con crueldad; sin embargo, no dijo ni una sola palabra».
>
> Isaías 53:3, 7 NTV

Jesús entiende el rechazo; Él sabe cómo usted se siente. Permítale ser su ejemplo de cómo comportarse cuando sea rechazado. Puede que no sea fácil, pero es lo único que funciona. Él siguió amando y perdonando a las personas sin importar lo que pensaran de Él (Juan 13:1; Lucas 23:34). Si alguien le rechazaba, Él sentía compasión por ellos, porque se estaban perdiendo la verdad que podía hacerlos libres.

Si usted logra tener la buena opinión de sí mismo que Dios tiene de usted, cuando las personas le rechacen, en lugar de enojarse con ellas simplemente podrá pensar que se han perdido la oportunidad de tener un buen amigo. Yo observo cómo reacciona Dave si alguien alguna vez lo rechaza, y él simplemente dice: «Eso es entre ellos y Dios; no es mi problema». Y estoy segura de que no vuelve a pensar en la situación.

Jesús era perfecto, y aun así las personas lo rechazaron (Juan 1:11); por lo tanto, incluso si usted pudiera alcanzar la perfección, eso no garantiza que algunas personas no le rechazarán.

Como mencioné antes, parece que el rechazo va en aumento. Tanto Ginger como yo llegaríamos a llamarlo una «epidemia», así que es evidente que es un problema importante en la sociedad actual. Hace algunos años leí una estadística que decía que no le caeremos bien al 10 por ciento de las personas, sin importar lo que hagamos. Pero recientemente leí que ahora el 25 por ciento, o una de cada cuatro personas, nos rechazará sin importar lo que hagamos.[15] El mundo en el que vivimos hoy está lleno de personas enojadas, y muchas de ellas ni siquiera saben por qué están enojadas. Si usted está cerca cuando están enojadas, podría convertirse en un blanco fácil para que descarguen su ira.

El mundo está lleno de presión, confusión, y temor. Las personas saben que algo no está bien, pero no saben por qué a menos que conozcan a Jesús. Además, se sienten frustradas porque no saben cómo solucionar los problemas que ven. La Biblia nos dice que en los últimos días, antes del regreso de Jesús, las cosas en el mundo se pondrán muy mal y que las personas se comportarán de maneras terribles (Mateo 24:3-12; 2 Timoteo 3:1-5, 13). Nuestra tarea es orar por ellas y hacer todo lo posible por representar a Jesús comportándonos como Él desea que lo hagamos.

Sea usted mismo

Dios le dará más de lo que perdió.

Si quiere ser libre para ser usted mismo, entonces por supuesto que no puede preocuparse por si le cae bien a la gente o no. Si confía en Dios, Él puede darle dos personas que le amen por cada una que no lo haga. Cuando a Dave y a mí nos pidieron que dejáramos nuestra iglesia y perdí a la mayoría de mis amigos, me sentí sola por mucho tiempo. Pero ese ya no es el caso. Dios me ha compensado en abundancia. Me ha dado honra en lugar de vergüenza y muchas puertas abiertas para reemplazar la que se me cerró. Confíe en Dios, y Él le dará más de lo que perdió.

Ser usted mismo y no fingir ser lo que cree que todos quieren que sea es una de las mejores cosas que puede hacer por usted mismo. Yo traté de ser como tantas otras personas para ser aceptada que llegué a un punto en que ya no sabía quién era. Traté de ser como Dave, que siempre estaba tranquilo. Traté de ser como mi amiga, que era muy talentosa. Tocaba la guitarra y cantaba, hacía la ropa de su familia, cultivaba y envasaba vegetales, hacía mermeladas y muchas otras cosas creativas, mientras que yo apenas lograba coser un botón y que se quedara en su lugar. Traté de ser como la esposa de mi pastor, que era dulce, paciente y sumisa, y eso tampoco era para mí. Dios no me ayudaba a ser otra persona, porque Él me creó para ser yo misma. Necesitaba ser pulida, pero Él se encargaría de eso a su debido tiempo.

Creo que ahora puedo decir que soy quien Dios me hizo ser. Todavía tengo algunas asperezas, y Dios está trabajando en ellas. Pero soy abierta, directa, y estoy dispuesta a compartir mis defectos. No soy alguien que se rinde; ¡soy muy decidida! Me encanta dar, y realmente deseo ayudar a las personas a encontrar sanidad a través de Jesús de las cosas que les han herido en la vida. También soy impaciente, un poco controladora, algo egoísta y, a veces, crítica.

Estoy completa en Cristo (Colosenses 2:10), y Dios está sacando de mí lo que ya ha depositado en mí. Todavía soy un proyecto en construcción, pero Dios es mi arquitecto, así que estoy contenta de dejar que Él obre. Y disfrutaré mi vida mientras Él lo hace. Un día le veremos cara a cara, y seremos como Él (1 Juan 3:2). Pero, hasta entonces, esperamos con anhelo el glorioso día de su regreso, cuando su obra en nosotros será verdaderamente completada.

Ahora he llegado a los ochenta años y todavía sigo con fuerza, apoyándome en Dios en cada paso del camino. Hago ejercicios con pesas y con un entrenador tres veces por semana, me canso más que antes, y he tenido que aprender a adaptarme al cambio, porque solo un necio cree que siempre puede hacer lo que siempre ha hecho.

Estoy en un momento de la vida en el que podría jubilarme y hacer lo que quiera, pero solo quiero hacer lo que estoy haciendo. Si Dios alguna vez me jubila, seguiré siendo Joyce Meyer, y Dios seguirá amándome. Recuerde siempre que Dios no le ama por lo que hace; le ama porque usted es su hijo o su hija. Ciertamente no espera perfección de usted. Sabe que no puede ser perfecto. No le creó para ser perfecto; le creó para depender de Él, y nunca le rechazará a causa de sus fallos o imperfecciones. En cambio, se regocija y se deleita en usted (Sofonías 3:17).

Dios ha hecho tanto por mí en mis cincuenta años de servirle que ni siquiera puedo recordarlo todo. Soy como el hombre ciego que fue sanado por Jesús (Juan 9:1-6). Los líderes religiosos seguían haciéndole preguntas sobre su sanidad, y él finalmente dijo: «lo que sé es que yo antes era ciego, ¡y ahora puedo ver!» (Juan 9:25 NTV).

Quiero que usted sepa y crea que Dios está esperando para obrar en su vida. El Espíritu Santo es su ayudador y su consejero (Juan 14:26), así que siéntase libre de presentarle cualquier problema que tenga, y Él le guiará para saber cómo resolverlo. Él sanará sus heridas de rechazo y cualquier otro dolor que tenga. Jesús dijo: «Vengan a Mí, todos los que están cansados y cargados, y Yo los haré descansar» (Mateo 11:28 NBLA).

¿Está usted sufriendo bajo la mentira de que está arruinado, que no es lo suficientemente bueno, que hay algo mal en usted? ¿Ha llegado a creer que, si tan solo se esfuerza lo suficiente, las personas le aceptarán? Si es así, recuerde las dos vías hacia la perfección: la legal y la ilegal. Elija la vía legal y reconozca que, a pesar de sus imperfecciones humanas, debido a la obra terminada de Cristo, Dios le ve perfecto. Seguirá creciendo en madurez, pero puede estar seguro de que Jesús ya ha alcanzado la perfección, y que, como usted está en Él, Dios no ve sus fallos. Le ve a través de la perfección de su Hijo, y le acepta incondicionalmente.

Acérquese más

1. ¿Se consideraría usted una persona perfeccionista o diría que tiene tendencias perfeccionistas? ¿De qué

maneras podría estar escondiéndose detrás del perfeccionismo para evitar el rechazo o para demostrar su valor a usted mismo o a los demás?

____

____

2. Joyce comparte: «Tenemos tanto fortalezas como debilidades. Dios quiere que usemos nuestras fortalezas y que confiemos en Él para que sea fuerte en medio de nuestras debilidades». Haga una lista de algunas de sus fortalezas y debilidades. ¿Cómo puede Dios usar sus fortalezas para su gloria, y cómo puede usted recibir su ayuda para sus debilidades?

____

____

3. Hebreos 4:15 dice que Jesús se compadece de nuestras debilidades. ¿En qué sentido le libera esta verdad bíblica de la presión de ser perfecto?

____

____

4. ¿Quién le ha hecho daño, y por qué es importante orar por esa persona?

____

____

5. ¿Qué significa para usted la afirmación: «Jesús fue perfecto, y aun así la gente lo rechazó»?

____

____

6. ¿Por qué es cierto que «ser usted mismo y no fingir ser lo que cree que todos quieren que sea es una de las mejores cosas que puede hacer por usted mismo»?

____

____

PARTE 3

El camino a la sanidad

No huyan del sufrimiento; acéptenlo. Síganme y les mostraré cómo.

Mateo 16:24 MSG, traducción libre

CAPÍTULO 11

Cómo resistir las mentiras del rechazo

Ginger

Destruimos argumentos y toda altivez que se levanta contra el conocimiento de Dios, y llevamos cautivo todo pensamiento para que obedezca a Cristo.

2 Corintios 10:5 NVI

Si puede hacer que alguien crea las mentiras correctas, probablemente pueda conseguir que haga cualquier cosa que usted quiera. Satanás es un mentiroso y un engañador (Juan 8:44), y le encanta cuando hemos sido rechazados, porque puede aprovechar ese momento y, mediante sus mentiras, hacernos sentir aún peor con nosotros mismos de lo que ya nos sentimos. Él sabe que después de haber sido usados, maltratados y abandonados, puede recurrir a viejos juegos mentales para desviarnos todavía más del camino. No hay mejor momento para lanzar mentiras que cambien nuestra percepción del mundo que nos rodea, destruyan nuestra confianza y potencialmente frustren el propósito que Dios nos ha dado que cuando ya estamos descentrados y aislados.

Comencé mi historia en el capítulo 3 describiendo cómo el rechazo de mi esposo me golpeó como una «una acusación escandalosa de todo lo que yo no era, una prueba de mi falta de valía, y un enorme "te lo dije" de inseguridades latentes buscando una oportunidad para salir a la superficie». Esta es una descripción vívida y dolorosa de algunas de las mentiras que el rechazo nos dice, y lo impactante es que yo no tenía idea de que esos pensamientos estaban escondidos en lo profundo de mi ser. Cuando sentí que ya no podía confiar en lo que creía que era verdad por lo que descubrí acerca de la traición de Tim, el enemigo se dio un festín. El rechazo me susurró al oído: «No eres deseada, no eres amada, no eres digna», y yo caí en la trampa.

Al rechazo le encanta mentirnos.

Al rechazo le encanta mentirnos. ¿Alguna vez le ha mentido a usted? Tal vez le ha llevado a pensar o decir para sí:

Nadie se preocupa por mí.

Todo es mi culpa.

Nunca seré verdaderamente aceptado.

Los pensamientos mentirosos como estos pueden ser especialmente abrumadores en la noche, cuando está en la cama intentando dormir. Las preguntas que no dejan de dar vueltas, como: *¿Qué quiso decir con eso? ¿Por qué hizo eso?*, y las conversaciones se repiten una y otra vez en nuestra mente. Este es el campo de batalla; ¡este es el momento de contraatacar! Ore contra los tentáculos de esos pensamientos. No les permita enredarse en su corazón y echar raíces, lo cual les permitiría crecer hasta convertirse en un rechazo total. Es vital que se comprometa a reconocer la verdad por encima de las mentiras. Un pensamiento que llega a su mente no es el problema; el verdadero peligro está en permitir que esos pensamientos den vueltas una y otra vez en su mente y se queden a vivir allí.

Gane la partida al rechazo

Hemos dicho que no se trata de saber *si* llegará el rechazo; *llegará*, así que prepárese. Usted puede elegir cómo responderá y cuánta influencia permitirá que tenga sobre su vida. Se trata de separar las mentiras con las que el rechazo le bombardea de la verdad de la Palabra de Dios; de separar la verdad de quién es usted de las acusaciones que el rechazo quiere que acepte. Y entonces debe mantenerse firme.

Esta es la estrategia: aprenderemos a reconocer las artimañas del rechazo, ganarle la partida, y llevar cautivos esos pensamientos mentirosos (2 Corintios 10:5). Es hora de tomar una postura firme y negarse a permitir que el rechazo eche raíces. ¡Podemos resistir el rechazo que intenta descarrilar nuestro gozo, nuestra confianza y nuestro propósito! Podemos decidir luchar sin tregua contra las semillas de ira, desconfianza e inseguridad que el enemigo intenta plantar en nuestras vidas. Dios me ha ayudado a discernir y rechazar las mentiras del rechazo y a poner fin a los juegos mentales que al enemigo le encanta jugar, y he visto la diferencia que esto ha marcado en mi vida. Él ha caminado conmigo en tiempos muy difíciles, y sé que puede hacer lo mismo por usted.

Puede resistir el rechazo.

Esta misma semana pasé por momentos difíciles. El rechazo no solo estaba tocando a mi puerta; estaba golpeando como un equipo SWAT. Ocurrieron algunas cosas que no deberían haber sucedido. Mis sentimientos resultaron heridos, y tuve que decidir: *¿Voy a ceder ante lo que siento y las mentiras que dan vueltas en mi mente, o voy a* *poner en práctica lo que estoy escribiendo en este libro acerca del rechazo?* Puede que escuche las voces de otras personas diciéndome una cosa; mis propios pensamientos quizá digan lo mismo, pero ¿concuerdan con la Palabra de Dios? Estos son los momentos en los que debo elegir mantener la verdad de lo que Jesús dice que soy por encima de todo el ruido. Y eso es lo que decidiré una y otra vez.

Ahora bien, tal vez se esté preguntando: *¿Acaso puede ser tan fácil? ¿Puedo simplemente resistir el rechazo para que nunca más me moleste?* Eso sería estupendo, pero la respuesta sincera es no, por supuesto que no. Si lidiar con el rechazo fuera tan sencillo, no sería una gran batalla, ¿no es cierto? Esto es una guerra, y el enemigo está decidido, así que nosotros debemos ser aún más implacables a la hora de resistir las mentiras del enemigo y creer la verdad de Dios. Hay maldad, traición e inhumanidad en el mundo. La gente sufre. Pero también hay esperanza, belleza y promesas. Dios está en medio de nosotros, su poder y su amor no tienen límites, y el enemigo pierde al final (Sofonías 3:17; 1 Crónicas 29:11; Apocalipsis 20:10).

Estamos en un camino de aprendizaje y de acercarnos más a Cristo, y tenemos trabajo que hacer en el trayecto. Necesitamos conocer la Palabra de Dios para silenciar las mentiras del enemigo, permitir que fluya la sanidad de Dios, y que nuestra confianza en Él aumente. Esto debe convertirse en parte de quienes

La Palabra de Dios silencia las mentiras del enemigo.

somos. Y, como con cualquier cosa, mientras más lo hagamos, más fácil y natural será. Cuando desarrollamos el arte de rechazar las mentiras del rechazo, las noches se vuelven más tranquilas y esos pensamientos acelerados se aquietan.

Conozca a su enemigo

El primer paso para ganar cualquier batalla es entender contra quién se está luchando. Debemos identificar a nuestro *verdadero* enemigo. Cuando estamos heridos, comienza el juego de la culpa, y las personas que nos han hecho daño se convierten en los objetivos más evidentes. No podemos ver nada más que a ellas. Después de todo, necesitamos a alguien a quien culpar. Culpamos a la persona que nos lastimó. Nos preguntamos: «¿Cómo *pudo* hacerlo?». Nos culpamos a nosotros mismos, preguntando: «¿Qué me ocurre?». Puede haber lecciones que aprender en esas preguntas, pero no necesitamos quedarnos ahí, porque hay un verdadero villano al acecho esperando para hacer aún más daño: Satanás. A menos que enfrentemos sus mentiras directamente, él simplemente encontrará a otra persona a través de la cual operar y continuará su guerra contra nosotros.

Sun Tzu, un general militar chino, dijo: «Si conoces al enemigo y te conoces a ti mismo, no debes temer el resultado de cien batallas».[16] Superar el rechazo es una batalla. El rechazo es una herramienta que el enemigo de nuestra alma, el diablo, le encanta usar. Él es el titiritero que manipula las inseguridades, los deseos carnales y el egoísmo de las personas como instrumentos para usarlos en contra de los demás. Si puede mantenernos a todos hiriéndonos mutuamente y luego hacer que creamos las mentiras a las que esas heridas nos abren, entonces consigue distraernos de los planes buenos que Dios tiene para nosotros. Juan 8:44 NTV deja claro que Satanás es un enemigo al que le encanta mentirnos:

> «Él ha sido asesino desde el principio y siempre ha odiado la verdad, porque en él no hay verdad. Cuando miente, actúa de acuerdo con su naturaleza porque es mentiroso y el padre de la mentira».

Cuando entendemos que lo que Satanás nos dice no son más que mentiras y solo mentiras, podemos decidir rechazarlas. En Juan 10:10 NTV, Jesús nos ofrece una gran esperanza. Él dice: «El propósito del ladrón es robar y matar y destruir; mi propósito es darles una vida plena y abundante».

Resista el rechazo, no a las personas

Cuando decimos «resista el rechazo», no nos referimos a actitudes como: *No puede romper conmigo, porque yo termino con usted* o *No puede despedirme; ¡renuncio!* No se trata de eso. No se trata de rechazar a alguien antes de que esa persona pueda rechazarle a usted. Más bien, se trata de negarse a permitir que el rechazo mismo tenga poder sobre usted. Se trata de resistir el rechazo en sí y mantenerse firme en la verdad.

Al mismo tiempo, resistir el rechazo no significa que usted deba negarlo o esconderse de él. Permítase tiempo para sentir. Reconozca el dolor. Lidie con él de una manera saludable. No permita que le domine, le detenga, o le impida elegir la verdad de Dios por encima de las mentiras con las que su adversario quiere envolverle. Esto tiene que ver con librar la batalla *correcta*.

Identificar a su verdadero enemigo resulta bastante liberador. Verá, no tenemos control sobre lo que hacen otras personas. Podemos malgastar nuestro tiempo y energía intentándolo, pero nunca controlaremos sus decisiones, y ni siquiera Dios les quita su libre albedrío. Así que, en lugar de luchar contra las personas que le han herido, luche contra las mentiras que Satanás está usando en su contra. Sí, usted tiene que lidiar con personas y tomar decisiones difíciles sobre relaciones, y en los capítulos siguientes profundizaremos en esos temas también. No podemos huir de las cosas difíciles, ni evitar la confrontación. Puede haber esperanza para una relación que actualmente está en problemas, o puede que esté llegando a su fin, pero luchar constantemente con alguien y albergar resentimiento solo llevará a más dolor. Luchamos contra el *rechazo*, no contra la persona que nos rechaza. Tratamos con esa persona, pero al hacerlo, recordamos que a veces las personas son simplemente herramientas que el enemigo está utilizando en nuestra contra.

Tome sus armas

Hay una razón por la que la Biblia describe la Palabra de Dios como una espada (Efesios 6:17; Hebreos 4:12): atraviesa las mentiras y separa el engaño de la verdad. Dios nos dio su Palabra como un arma, tanto para protegernos como para usarla al contraatacar al enemigo.

> «La palabra de Dios es viva y eficaz, y más cortante que cualquier espada de dos filos. Penetra hasta la división del alma y del espíritu, de las coyunturas y los tuétanos, y es poderosa para discernir los pensamientos y las intenciones del corazón».
>
> Hebreos 4:12

El enemigo puede llenar nuestra mente con mentiras sobre quién es Dios, pero la Biblia nos revela el verdadero carácter de Dios. Cuando las mentiras del enemigo nos hacen sentir mal con nosotros mismos, en la Palabra de Dios descubrimos cómo llegar a ser esa persona que Él creó originalmente. En sus páginas experimentamos el amor inmerecido, incondicional y eterno de Jesús, que derrota todo rechazo. La Palabra de Dios es un arma poderosa, pero debemos tomarla y estudiarla. No sirve de nada si permanece en un estante. Debe ocupar un lugar prominente en nuestro corazón.

Los buenos soldados conocen bien su equipo, y como creyentes, es sabio conocer bien la Palabra de Dios y entender cómo usarla. Uno de los pasajes bíblicos más útiles para esto es Efesios 6:11-18. Le ayudará a armarse de pies a cabeza para la batalla contra el rechazo y otros conflictos espirituales. Este pasaje nos dice:

> «Pónganse toda la armadura de Dios para poder mantenerse firmes contra todas las estrategias del diablo. Pues no luchamos contra enemigos de carne y hueso, sino contra gobernadores malignos y autoridades del mundo invisible, contra fuerzas poderosas de este mundo tenebroso y contra espíritus malignos de los lugares celestiales. Por lo tanto, pónganse todas las piezas de la armadura de Dios para poder resistir al enemigo en el tiempo del mal. Así, después de la batalla, todavía seguirán de pie, firmes».
>
> Efesios 6:11-13 NTV

Vístase con la armadura de Dios.

¿Preferiría ser un guerrero o vivir derrotado? ¡Póngase «toda la armadura de Dios» y contraataque! ¿Cuáles son las piezas de esta armadura?

- El cinturón de la verdad (v. 14)
- La coraza de la justicia (v. 14)

- El calzado de la paz (v. 15)
- El escudo de la fe (v. 16)
- El casco de la salvación (v. 17)
- «La espada del Espíritu, *que es la palabra de Dios*» (v. 17, énfasis añadido)

Cuando tenga puesta su armadura y empuñe su espada y su escudo, no entre en batalla todavía. Hay otra arma más que Dios nos ha dado: la oración. Efesios 6:18 NTV dice:

> «Oren en el Espíritu en todo momento y en toda ocasión. Manténganse alerta y sean persistentes en sus oraciones por todos los creyentes en todas partes».

La oración enfoca nuestra atención en la fuente de nuestra fuerza y lo invita a Él a entrar. Solo tiene que pedirlo, y Dios irá delante de usted. Él es su retaguardia (Isaías 52:12). En otras palabras, Él le cubre las espaldas. La Biblia nos dice más de una vez que la batalla le pertenece al Señor (1 Samuel 17:47; 2 Crónicas 20:15). Si enfrenta al diablo con su propia fuerza, ya está luchando una batalla perdida. Sométase a Dios a través de la oración, y el enemigo huirá.

> «Por tanto, sométanse a Dios. Resistan, pues, al diablo y huirá de ustedes».
>
> Santiago 4:7 NBLA

Me encanta cómo lo expresa la traducción The Message. Me dan ganas de luchar:

> «Así que deja que Dios haga su voluntad en ti. Grita un fuerte *no* al Diablo y observa cómo desaparece. Di un *sí* silencioso a Dios, y Él estará allí en un instante».
>
> Santiago 4:7 MSG, traducción libre

Y aquí tiene una noticia fantástica: la Biblia dice que usted tiene la victoria garantizada. ¡Con Dios de su lado, no puede perder!

> «Pero ustedes, mis queridos hijos, pertenecen a Dios. Ya lograron la victoria sobre esas personas, porque el Espíritu que vive en ustedes es más poderoso que el espíritu que vive en el mundo».
>
> 1 Juan 4:4 NTV

Verdad versus mentiras

Vamos a profundizar y atacar una por una las mentiras del rechazo. Cuando el enemigo le susurre una mentira, rechácela con la verdad de Dios. Aquí hay algunos ejemplos.

Mentira:

«Me dejó. Por lo tanto, no merezco amor».

Verdad:

«Soy valioso para Dios; Él me ama y nunca me dejará».

Palabra de Dios:

Qué preciosos son tus pensamientos acerca de mí, oh Dios. ¡No se pueden enumerar! Ni siquiera puedo contarlos; ¡suman más que los granos de la arena! Y cuando despierto, ¡todavía estás conmigo!

Salmos 139:17-18 NTV

Mentira:

«Quizá no estoy destinado a ser feliz».

Verdad:

«Dios promete cosas buenas para mi futuro».

Palabra de Dios:

Pues su ira dura solo un instante, ¡pero su favor perdura toda una vida! El llanto podrá durar toda la noche, pero con la mañana llega la alegría.

Salmos 30:5 NTV

Mentira:

«Me traicionó. Ahora no puedo confiar en nadie».

Verdad:

«Dios no miente. Puedo confiar en Él».

Palabra de Dios:

Dios no es un hombre; por lo tanto, no miente. Él no es humano; por lo tanto, no cambia de parecer. ¿Acaso alguna vez habló sin actuar? ¿Alguna vez prometió sin cumplir?

Números 23:19 NTV

Mentira:

«Me hirió, y a Dios no le importa».

Verdad:

«Dios se lo toma como algo personal cuando las personas me maltratan, y Él está obrando a mi favor».

Palabra de Dios:

La nación que toca a mi pueblo, toca la niña de mis ojos.

Zacarías 2:8 NTV

Me gusta cómo traduce este versículo la Nueva Traducción Viviente: «Cualquiera que te dañe, daña a mi más preciada posesión» (Zacarías 2:8).

Mentira:

«No puedo arriesgarme a amar a otras personas; solo volverán a herirme».

Verdad:

«Dios me capacita para amar sin temor».

Palabra de Dios:

En esa clase de amor no hay temor, porque el amor perfecto expulsa todo temor.

1 Juan 4:18

Estas son solo algunas de las mentiras del rechazo y las verdades que las confrontan. Hay muchas más. Joyce y yo le animamos a crear su propia lista. Manténgala cerca. Póngala en un lugar donde pueda verla y combata las mentiras que quizá ha creído con la verdad de la Escritura. Llénese de valentía. Grítele al enemigo: «¡No! No voy a caer en tus engaños. Y el Dios que vive en mí es mucho más grande que tú».

A medida que envejezco, me doy más cuenta todavía

de lo vital que esto es. Uno nunca deja de tener la oportunidad de ser rechazado. El rechazo sigue doliendo, y esas heridas pueden formar una armadura de tejido cicatricial, endureciendo el corazón y cambiando su percepción de quién dice Dios que usted es a menos que las enfrente rápido, una por una. Deje que la sanidad haga su trabajo lo antes posible, y póngase la armadura de Dios para combatir las mentiras del rechazo en lugar de construir su propia armadura, que no funciona de todos modos.

Manténgase alerta

Recuerde, como dice Joyce, que el campo de batalla favorito del enemigo es nuestra mente. Debemos protegerla con diligencia. Cuando nuestros pensamientos están dando vueltas y sentimos que estamos creyendo algo negativo, lo más probable es que no esté en línea con la Palabra de Dios. Vea lo que dice la Biblia. Saque su espada y comience a blandirla.

> «No imiten las conductas ni las costumbres de este mundo, más bien dejen que Dios los transforme en personas nuevas al cambiarles la manera de pensar. Entonces aprenderán a conocer la voluntad de Dios para ustedes, la cual es buena, agradable y perfecta».
>
> Romanos 12:2 NTV

Acérquese más

1. ¿Cuáles son algunos ejemplos de mentiras que el rechazo le ha susurrado?
   - Que nadie le ama, nadie le quiere o no es digno

     ____

     ____
   - Que a nadie le importa

     ____

     ____
   - Que todo es su culpa; merece ser rechazado

     ____

     ____
   - Que nunca será realmente aceptado

     ____

     ____

2. ¿Qué ideas tiene sobre comenzar a resistir el rechazo y cómo puede ponerlas en acción?

   ____

   ____

3. ¿Qué le dice Juan 8:44 acerca de quién es su verdadero enemigo? ¿Cómo afecta esto su vida y su perspectiva acerca de las personas que le han hecho daño?

   ____

   ____

4. Tenga cuidado de no negar su dolor. En lugar de eso, niéguese a permitir que el rechazo mismo tenga tal

poder sobre usted aferrándose incansablemente a la verdad de la Palabra de Dios. ¿Cómo puede reconocer ahora el dolor, entregárselo a Dios, y comenzar a luchar la *buena batalla*?

____

____

5. ¿Por qué Juan 10:10 le llena de esperanza?

____

____

6. Comenzando con los ejemplos de mentiras y verdades en este capítulo, haga su propio plan de batalla escribiendo cualquier mentira que el enemigo le haya dicho y la verdad de la Palabra de Dios que invalida cada una.

____

____

CAPÍTULO 12

Acéptese a sí misma

Joyce

Y nosotros hemos llegado a conocer y hemos creído el amor que Dios tiene para nosotros. Dios es amor, y el que permanece en amor permanece en Dios y Dios permanece en él.

1 Juan 4:16 NBLA

Pasamos más tiempo con nosotros mismos que con cualquier otra persona, así que solo piense en cuán miserable será si se rechaza a usted mismo. Yo me rechacé a mí misma hasta que tuve más de cuarenta años. Constantemente encontraba defectos en mí, y habría preferido ser cualquier persona menos yo. Como mencioné antes, intenté parecerme a tantas personas que no sabía quién era. Trataba de parecerme a los demás porque no me gustaba a mí misma. Me estaba rechazando. Cuando algunas personas experimentan el rechazo, automáticamente suponen que ser rechazadas significa que hay algo malo en ellas. Entonces comienzan a rechazarse a sí mismas y se convierten en personas complacientes, con la esperanza de que si llegan a ser lo que los demás quieren que sean, serán aceptadas y entonces podrán aceptarse a sí mismas.

Tuve que aprender a aceptar el amor de Dios por mí y a amarme a mí misma. Amarse a uno mismo es simplemente recibir el amor que Dios nos ofrece. Le animo a que se acepte y se ame tal como es, porque Dios le ama y le acepta. Puede que necesite crecer en algunas áreas, pero Dios trabajará con usted y se encargará de las áreas que necesitan mejorar mientras madura espiritualmente en Él.

Una de las lecciones maravillosas que he aprendido en la vida es que puedo disfrutar de mí misma mientras Dios me transforma. Afortunadamente, no tengo que esperar hasta ser perfecta para disfrutar de mí misma y de mi vida, y usted tampoco. ¿Por qué no deja de presionarse tanto y hace las paces consigo mismo? Una vez leí un lema chistoso: «Es hora de hacer las paces con sus caderas».☺ Lo que el autor quería decir, creo, es que necesitamos aceptarnos a nosotros mismos y disfrutar la vida a pesar de nuestras imperfecciones o de aquellas cosas que quisiéramos que fueran diferentes en nosotros. Piense en lo que no le gusta de sí mismo y, una por una, acepte esas cosas tal como son. Entonces, si es necesario algún cambio, confíe en que Dios lo hará.

Disfrute de sí mismo mientras Dios le transforma.

Si usted se rechaza a sí mismo, probablemente también rechazará a los demás. Solo podemos dar a otros lo que tenemos dentro de nosotros. Yo no puedo amarle a usted si no me amo a mí misma; no puedo aceptarle tal como es si no me acepto tal como soy. Cuando digo que debe aceptarse como es, puede que inmediatamente piense en todas las cosas que aún hace mal, pero Dios conoce todas esas cosas y aun así le ama. Si su deseo es cambiar y ser como Dios quiere que sea, Él está complacido con usted. Su amor por usted es incondicional, y es ese amor el que sana a las personas.

Aceptado verdaderamente, enteramente y por completo

La clave para aceptarse a sí mismo es creer que Dios le acepta completa e incondicionalmente. Si el rechazo es la retirada del amor, entonces el amor incondicional es el antídoto para ello. Y solo hay una fuente de la cual se puede conseguir. Efesios 1:6 nos dice que somos «aceptos en el Amado» (RVR1960). ¿Qué significa esto? «El Amado» se refiere a Jesús, y su sacrificio hace que cada uno de nosotros sea acepto (incluyendo nuestros fallos, errores y heridas). Él le hace *a usted* acepto.

Jesús nos redimió del dolor de este mundo al cargarlo sobre sí mismo, algo que eligió hacer a pesar de su gran costo. Abrió con gracia sus brazos y nos aceptó de manera permanente, y cuando su obra en la cruz se completó, dijo: «Consumado es» (Juan 19:30). ¡Consumado es! Su aceptación es firme, permanente y para siempre; nunca será revocada. Dios el Padre está tan complacido con su Hijo Jesús, quien lo dio todo por nosotros, que por su gracia y mediante nuestra fe nos da la bienvenida con amor a sus brazos. Nunca somos rechazados, y siempre somos aceptados.

No es fácil superar el pasado, sentir el dolor o arriesgarse a tener esperanza nuevamente, pero la alternativa a habitar en esos lugares dolorosos es recibir las hermosas promesas de Dios. Puede que usted haya sido herido, y puede que algunas cosas nunca vuelvan a ser igual, incluso después de experimentar la sanidad de Dios. Su vida puede verse diferente en algunos aspectos, pero tendrá algo que quizá nunca haya tenido antes. Sin duda, sabrá en su corazón que Dios le ama: verdadera, completa, absoluta y perfectamente. Sí, en ocasiones las personas hacen cosas hirientes, pero nunca podrán quitarle lo que Dios le ha dado.

Asómbrese

Quedará absolutamente asombrado de cómo cambiará su vida y de cuánta paz y alegría tendrá si se acepta en lugar de rechazarse. Puede aprender a ser su mejor amigo. Cuando no me gustaba a mí misma, quería estar haciendo algo todo el tiempo porque mantenerme ocupada me distraía de los sentimientos de rechazo que me atormentaban. Ahora me encanta estar conmigo misma, y disfruto el tiempo a solas. Incluso si hay algo que no le gusta de usted, no permita que eso le impida amarse. Tengo una amiga que tiene bastante sobrepeso, pero es segura de sí misma y confiada. Sí, le encantaría ser más delgada, pero bajar de peso es un reto para ella, y se niega a permitir que eso controle su vida y la haga sentirse infeliz con quien es. Usted es mucho más que su apariencia.

Usted es una persona maravillosa. Una obra maestra, única en su clase, y eso le hace valioso y precioso.

Usted es una persona maravillosa.

> «Pues somos la obra maestra de Dios. Él nos creó de nuevo en Cristo Jesús, a fin de que hagamos las cosas buenas que preparó para nosotros tiempo atrás».
>
> Efesios 2:10 NTV

Dios dice: «eres precioso a mis ojos y digno de honra» (Isaías 43:4 NVI).

Cada vida es realmente un regalo de Dios, y podemos honrar ese regalo al valorar nuestra propia vida, así como al respetar el valor de los demás. Puede seguir maravillándose si se toma el tiempo para pensar en cómo está formado su cuerpo humano y en lo que se necesita para que funcione correctamente cada día. Considere estos datos:

- Su corazón late unas 100 000 veces al día.[17]
- Cada segundo, su cuerpo produce dos millones de glóbulos rojos nuevos.[18]
- Aproximadamente 330 mil millones de células se reemplazan en su cuerpo cada día.[19]
- Su cuerpo contiene casi seis litros de sangre, y ésta circula por todo su cuerpo tres veces por minuto. En un día recorre 19 000 kilómetros, lo que equivale a cruzar los Estados Unidos de costa a costa cuatro veces.[20]

¿Lo ve? Su cuerpo es realmente maravilloso, y *usted es realmente maravilloso.* Comience a verse como Dios le ve, y quedará maravillado.

Sea valiente

Hace falta valentía para ser quien uno verdaderamente es en lugar de convertirse en alguien que solo busca agradar a los demás; una persona que intenta mantener contentos a todos mientras sacrifica su propia felicidad. Todos somos diferentes y tenemos el privilegio, otorgado por Dios, de ser nosotros mismos. Durante años pensé que yo era rara, pero ahora sé que soy única. El llamado de Dios a enseñar su Palabra exigía que me enfocara en ese llamado en lugar de dedicar mucho tiempo a hacer cosas ordinarias que otras mujeres hacían. A menudo, el diablo ponía en mi mente el pensamiento de que no era una mujer normal o común. Pero ¿quién determina lo que es normal?

Pasé cerca de un año intentando ser lo que creía que era «normal». Traté de aprender a coser para poder hacer algunas prendas para mi familia. Compré una máquina de coser y tomé clases de costura. Le hice a Dave un par de pantalones cortos y una camisa, pero cuando terminé los pantalones cortos, los bolsillos eran más largos que los pantalones, y dobladillé las mangas de la camisa hacia afuera en lugar de hacia adentro.

Odiaba coser, pero seguí intentando hacerlo porque una amiga mía cosía. Ella también tenía un huerto, así que yo también intenté tener uno. Vivíamos una al lado de la otra, y una noche unos insectos atacaron mi huerto y dejaron grandes agujeros en mis tomates; pero los insectos no tocaron sus tomates. Le pregunté a Dios por qué no protegió mis tomates, ya que yo había orado por mi huerto, y Él susurró en mi corazón que nunca me dijo que cultivara tomates y, por lo tanto, no tenía ninguna obligación de protegerlos.

A veces fracasamos en cosas solo porque no son lo que Dios quiere que hagamos. Dios me había llamado a enseñar su Palabra, no a coser ni a cuidar un huerto; pero Él tuvo que dejarme intentarlo y fracasar para poder enseñarme a ser yo misma. Hay ocasiones en las que otras personas tratan de convencernos de hacer lo que ellas están haciendo, pero si no creemos que debemos hacer esas cosas, necesitamos mantenernos firmes con respeto y no hacerlas solamente para agradar a alguien.

Probé varias cosas distintas en un esfuerzo por ser «normal», y todas fracasaron; y me hicieron sentir triste. Finalmente aprendí la lección que estoy compartiendo con usted, que es que debe ser usted mismo y amarse tal como es. Si no sigue su propio corazón, no podrá respetarse. No desperdicie su tiempo pensando una y otra vez en todo lo que está mal en su vida. Si Dios le convence de algo que debe cambiar, entonces trabaje con el Espíritu Santo para realizar ese cambio. De lo contrario, simplemente disfrute de quién es usted en Cristo.

Sea usted mismo y ámese tal como es.

Cuando Dios llamó a Josué para que tomara el lugar de Moisés después de su muerte, no le dijo: «Ve y sé como Moisés». Le dijo: «Así como estuve con Moisés, también estaré contigo» (Josué 1:5 NVI). No es importante que seamos como otra persona; lo único importante es que Dios esté con nosotros, y Él puede capacitarnos para hacer cualquier cosa que sea su voluntad para nuestra vida.

El apóstol Pablo dijo que, si hubiera intentado agradar a las personas en lugar de agradar a Dios, no habría sido un «siervo de Cristo» (Gálatas 1:10). Este es un pensamiento que hace reflexionar. Podemos perder la voluntad de Dios para nuestra vida si estamos enfocados en intentar ser populares y aceptados por todos en lugar de buscar lo que Él quiere para nosotros. Cuando obedecí el llamado de Dios al ministerio, perdí a mis amigos y me pidieron que dejara mi iglesia. Me habría perdido la voluntad de Dios para mi vida si la aceptación hubiera sido más importante para mí que la obediencia a Dios. Me entristece pensar en cuántas personas son infelices porque no se gustan ni se aceptan a sí mismas.

Necesitamos aprender a amar a los demás como Dios nos ama. Necesitamos amar a las personas por quienes son, no por quienes queremos que sean. Cuando aceptamos a las personas, a menudo se sienten inspiradas a querer cambiar y ser mejores; pero cuando las rechazamos, es más probable que resistan el cambio. Créame, hablo con conocimiento de causa: usted no puede cambiar a las personas; solo Dios puede hacerlo. Además, usted no puede hacer que otros se amen o se acepten a sí mismos, pero sí puede orar por ellos confiando en que Dios obrará en sus corazones y mentes como solo Él puede hacerlo.

Ame a las personas por quienes son, no por quienes queremos que sean.

Diga *no* cuando sea necesario

No es una palabra pequeña pero poderosa, y muchos de nosotros necesitamos decirla más a menudo. En la sociedad actual, muchas personas están extremadamente estresadas, porque tratan de hacer todo lo que otras personas quieren que hagan. El problema con esto es que parece que cada persona quiere que hagamos algo diferente. Nuestra responsabilidad no es cumplir con las expectativas de todos. Somos responsables de seguir la guía del Espíritu Santo para nuestra propia vida.

Todos queremos ser aceptados y que piensen bien de nosotros. Queremos que las personas nos aprecien y estén complacidas con nosotros, y para que eso suceda pensamos que debemos decir sí, incluso cuando nuestro corazón grita no. Una persona valiente seguirá su corazón y será fiel a sí misma y a Dios. Si digo *sí* a hacer cosas y luego me encuentro quejándome de ellas, es una buena señal de que estoy haciendo algo que no debí hacer. Debemos seguir la paz, no a las personas.

Siga la paz, no a las personas.

Si está estresado y desea tener más paz, simplemente escriba en un papel todas las cosas que se ha comprometido a hacer. Luego repase cada entrada de la lista y, una por una, pregúntese por qué está haciendo eso. A menos que su motivo sea obedecer a Dios o sienta que es lo correcto, debería tacharlo de su lista. Si lo está haciendo porque alguien espera que lo haga, entonces lo está haciendo por la razón equivocada.

Permítame decir que hay ocasiones en que deberíamos hacer algo por alguien que quizá no queremos hacer, pero en esos casos sabremos qué es lo correcto aunque preferiríamos no hacerlo. Recientemente, alguien me pidió que hiciera algo que tomaría unas tres horas de mi tiempo. Aunque me habría gustado decir que no, supe que debía hacerlo, porque la persona que me lo pidió ha hecho varias cosas por mí cuando se lo he pedido. No tenemos que querer hacer todo lo que hacemos, pero deberíamos hacerlo con buena actitud y estar en paz cuando lo hacemos.

Sacrifíquese por las razones correctas

Ser generosos y estar dispuestos a sacrificarnos forma parte de nuestro caminar con Dios; sin embargo, Dios desea la obediencia más que el sacrificio (1 Samuel 15:22). Si nos estamos sacrificando en obediencia a Dios, entonces es algo bueno, pero si lo hacemos para mantener felices a las personas sabiendo que no es lo que Dios quiere que hagamos, entonces es un problema que nos hará perder el gozo y la paz.

¿Cuántas cosas hace simplemente para evitar que alguien se enoje con usted? Yo crecí con miedo al enojo de mi padre, y hacía todo lo que podía para evitar que se enojara. Cuando se enojaba, yo me convertía en la pacificadora de la casa y hacía todo lo posible para restaurar la paz. Trasladé ese temor a las personas enojadas a mi vida adulta, y aunque estoy mucho, mucho mejor, todavía debo resistir la tentación de ceder ante alguien solo porque sé que se enoja con facilidad y no quiero lidiar con ese enojo. Esto es especialmente cierto cuando trato con alguien de mi familia o con un amigo cercano. Si usted está viviendo bajo el temor al rechazo, tal vez actúe de la misma manera.

Sea libre

Ser sanado o hecho completo no significa que nunca sea tentado a regresar a los viejos caminos. Muchas cosas ya no son una tentación para mí en absoluto, pero algunas cosas que me recuerdan a mi padre requieren que resista la tentación de volver a caer en viejos patrones. Creo que es importante que usted sepa esto, porque no quiero que sienta que no ha sido sanado solo porque todavía debe resistir algunas tentaciones. Antes de que Dios me sanara, simplemente reaccionaba de la manera antigua sin ni siquiera darme cuenta de que lo estaba haciendo; pero ahora reconozco lo que el diablo está tratando de hacer, y no reacciono; actúo conforme a la dirección del Espíritu Santo. Al menos lo hago la mayor parte del tiempo. De vez en cuando caigo en la vieja trampa otra vez, pero no me toma mucho tiempo salir de ella.

Jesús murió para que usted sea libre del pecado y de la muerte (Romanos 8:2), pero también libre para vivir la vida para la cual fue creada (Gálatas 5:1). No importa cuán lejos esté actualmente de la vida que Dios tiene en mente para usted, puede aprender a aceptarse e incluso amarse a sí mismo. *Puede ser sanado.*

> «Él mismo cargó nuestros pecados sobre su cuerpo en la cruz, para que nosotros podamos estar muertos al pecado y vivir para lo que es recto. Por sus heridas, ustedes son sanados».
>
> 1 Pedro 2:24 NTV

Acérquese más

1. Primera de Juan 4:16 dice: «Y nosotros hemos llegado a conocer y hemos creído el amor que Dios tiene para nosotros. Dios es amor, y el que permanece en amor permanece en Dios y Dios permanece en él» (NBLA). ¿En qué sentido le consuela este versículo?

2. ¿De qué maneras cree que se rechaza a sí misma? ¿Por qué es importante aprender, en su lugar, a aceptarse?

3. ¿De qué manera le anima esta afirmación: «Sí, en ocasiones las personas hacen cosas hirientes, pero nunca podrán quitarle lo que Dios le ha dado»?

4. Joyce afirma que solo podemos dar a otros de lo que tenemos dentro de nosotros mismos. Escribe: «No

puedo amarle a usted si no me amo a mí misma; no puedo aceptarle tal como es si no me acepto tal como soy». ¿Qué nos dice esto de la importancia de amarse y aceptarse a sí misma?

____

____

5. ¿Tiene tendencia a querer agradar a las personas? Piense en las cosas que hace o ha hecho solo para impedir que alguien se disguste o se enoje con usted.

____

____

6. Piense en todas las cosas que hay en su lista de quehaceres. ¿A cuál de esas cosas dijo *sí* cuando quería haber dicho *no*? Ore y pídale a Dios que le dé valentía para hacer solo las cosas que puede hacer por los motivos correctos.

____

____

7. Usted es libre para vivir la vida para la cual fue creado y para convertirse en quien Dios le hizo ser. Haga una lista de las cosas que le gustan de sí misma, incluso las cosas pequeñas. Sea generoso con esta lista y comience a descubrir el camino hacia el valiente acto de amarse y aceptarse a sí misma.

____

____

CAPÍTULO 13

Su pasado no es su futuro

Ginger

Tú siempre estás a mi alrededor, adelante y detrás de mí; siento tu mano sobre mí.

Salmos 139:5 PDT

Hay momentos en los que debemos salir intencionadamente de la oscuridad de cómo han sido las cosas y visualizar un futuro mejor: lleno de esperanza, sanidad, y confianza. Cuando el rechazo ha moldeado su vida, quizá le resulte difícil ver que las cosas puedan ser de otra manera. Puede que no solo haya experimentado años de dolor, sino que además haya construido todo un estilo de vida que intenta evitar más. Pero esos días pertenecen al pasado. Este es un nuevo día.

¿Suenan repetidamente en su cabeza frases como estas?

- *Me hicieron mucho daño.*
- *Nunca cambia nada.*
- *Es demasiado tarde.*
- *No soy tan fuerte.*

Puede que se haya resignado a la idea de que usted siempre sangrará un poquito, pero permítame asegurarle que usted no es un caso perdido. Nuestro Dios es mucho más grande que cualquier cosa que usted haya atravesado. Si Él puede sanar a otros y llenarlos de esperanza y un sentido de propósito, y de hecho, ya lo ha *hecho,* Él puede hacer lo mismo con usted.

Joyce se sentía completamente sola y pensaba que era la única que había sufrido un abuso sexual tan horrible.

Tenía miedo de no volver a experimentar nunca más en su vida el gozo, pero Dios le ha dado gozo en abundancia y ha usado su historia para ayudar a innumerables personas. Yo no sabía cómo eliminar las imágenes de la traición de mi esposo que llenaban mi mente, y no pensaba que jamás pudiera volver a confiar en nadie después de su rechazo, pero Dios me ayudó a hacer ambas cosas, y ahora soy libre. Lo que Él ha hecho con Joyce y conmigo, y con muchos otros, creemos que también lo hará con usted.

La fe es poderosa. Pídale a Dios que le ayude a creer en un futuro brillante, un futuro en el que el rechazo no invade sus pensamientos y dirige sus acciones. Visualice una vida de bienestar, de relaciones saludables con personas, y de verdadera libertad. Confíe en Dios decidiendo aferrarse a la fe cuando aún tenga que ver la evidencia; llegará. Aferrarse a Dios con fe también significa dejar de esforzarse por hacer en sus propias fuerzas lo que tenga que ocurrir en su vida. Este es otro recordatorio que necesito a menudo, porque me encanta intentar arreglar mis propios problemas. Cuando no sepa cómo cambiar o qué hacer diferente, el Espíritu Santo de Dios está ahí mismo para ayudarle, orando por usted y guiándole en cada paso del camino.

> «De la misma manera, también el Espíritu nos ayuda en nuestra debilidad. No sabemos orar como debiéramos, pero el Espíritu mismo intercede por nosotros con gemidos indecibles. Y Aquel que

> escudriña los corazones sabe cuál es el sentir del Espíritu, porque Él intercede por los santos conforme a la voluntad de Dios. Y sabemos que para los que aman a Dios, todas las cosas cooperan para bien, esto es, para los que son llamados conforme a Su propósito».
>
> Romanos 8:26-28 NBLA

Dios le promete cosas buenas, y ninguna persona puede torcer los planes que Él tiene para su vida. Romanos 8:31 dice: «Entonces, ¿qué diremos a esto? Si Dios *está* por nosotros, ¿quién *estará* contra nosotros?» (NBLA). Dios está por usted. Él cree en usted y es su aliado más fuerte. Nada de lo que llegue en su contra tiene posibilidades reales de prosperar.

Ejemplos bíblicos de rechazo

Hay muchos ejemplos en la Escritura de personas que fueron violentamente rechazadas, y, sin embargo, Dios las restauró y usó de maneras poderosas. El primero que viene a mi mente es el rey David. Sufrió un rechazo terrible. Era el hijo cuyo propio padre pensaba de él como alguien indigno de ser presentado al profeta Samuel, que estaba buscando un candidato a ser rey (1 Samuel 16:10-13). Fue el único de sus ocho hijos a quien no presentó. Eso debió sentirse como una bofetada en el rostro de David. David también fue rechazado por el rey Saúl; el hombre a quien había servido de todo corazón. Saúl no solo intentó matar a David, sino que también lo persiguió para darle muerte (1 Samuel 19:1-18; 23:7–24:22). Pero Dios había escogido a David entre todos los demás.

David amaba a Dios y le servía, pero eso no impidió que sufriera rechazo. Algunos de sus propios hombres se volvieron contra él en cierto momento (1 Samuel 30:6). La esposa de David se burló de él y lo menospreció (2 Samuel 6:16-22). Su propio hijo Absalón intentó hacerse con su reino (2 Samuel 15:1–18:16). Todo esto fue tan doloroso que escribió a menudo sobre el rechazo en sus salmos.

> «Todos mis enemigos se juntan y murmuran contra mí; me hacen responsable de mi mal... Hasta mi amigo cercano, en quien yo confiaba y que compartía el pan conmigo, se ha vuelto contra mí».
>
> Salmos 41:7, 9

En este salmo, David grita a Dios: «¡Esto duele!». Usted también puede compartir con Él abiertamente su dolor y su confusión. Puede decirle con confianza a Dios lo que siente, que está sufriendo agonía, y que no lo entiende. A pesar del dolor de David, él siempre regresa a la fidelidad de Dios.

Dígale a Dios lo que siente.

> «Claman los justos, y el Señor los oye y los libra de todas sus angustias. Cercano está el Señor a los

> quebrantados de corazón, y salva a los abatidos de espíritu. Muchas son las aflicciones del justo, pero de todas ellas lo libra el Señor».
>
> Salmos 34:17-19 NBLA

Moisés era un líder multitudinario, y él nos recuerda que el liderazgo es difícil. Fue rechazado por las mismas personas por las que luchó una y otra vez (Números 16). Cuando estaban en peligro, rechazaron su dirección (Números 14:41-45). Cuando estuvieron hambrientos, lo culparon (Éxodo 16:2-3). Cuando se cansaron de la misma comida, se volvieron contra él (Números 11:4-6). A Moisés no le gustó, y se enojó y decepcionó por sus quejas (Números 11:10-15); pero se mantuvo fiel a su llamado y los llevó hasta las puertas de la Tierra Prometida (Deuteronomio 34:1-4). Dios lo honró en Hebreos 11, el capítulo de la Biblia considerado como el salón de la fama de la fe (vv. 23-28).

Pensemos también en otro líder del Antiguo Testamento: Samuel. Él fue el profeta que ungió a David como rey, y fue rechazado por los ancianos de Israel que pidieron un rey humano cuando Dios estaba con ellos guiándolos personalmente (1 Samuel 8:4-6). En 1 Samuel 8:7-8 (NBLA) el Señor le dice a Samuel:

> «Escucha la voz del pueblo en cuanto a todo lo que te digan, pues no te han desechado a ti, sino que me han desechado a mí para que yo no sea rey sobre ellos. Así como todas las obras que han

> hecho desde el día en que los saqué de Egipto hasta hoy, abandonándome y sirviendo a otros dioses, así lo están haciendo contigo también».

Estos versículos nos reafirman y también nos abren los ojos, porque nos dicen que el rechazo puede ser mayor aún de lo que vemos superficialmente. Me pregunto cuántas veces somos rechazados porque estamos siguiendo lo que creemos que Dios nos está pidiendo y otros no están de acuerdo o no les gusta.

David, Moisés y Samuel nos recuerdan que el liderazgo puede vivirse en soledad. No a todos les gustarán nuestras decisiones. Podemos enfrentar rechazo, pero lo que hagamos es vital. Verá, Dios no nos garantiza que no experimentaremos rechazo, pero sí entiende y se interesa por nuestro dolor, y es fiel para ayudarnos a superar nuestros desafíos, especialmente cuando el deseo de nuestro corazón es servirlo tanto a Él como a las personas que lideramos.

Uno de mis ejemplos favoritos de rechazo en la Biblia es la mujer que Jesús conoció en el pozo. Leemos su historia en Juan 4:3-42. Era una mujer rechazada por un pueblo rechazado, los samaritanos, con los que los judíos no se relacionaban. Ni la herencia de ella, ni el pecado de su vida impidió que Jesús se acercara a ella. Fue la primera persona a quien Jesús se le reveló como el Mesías. ¡Vaya! Una mujer excluida, inmunda. Jesús la miró y supo todo acerca de ella, pero también la vio como digna de restaurar, redimir y aceptar. Ella llevó su mensaje a muchos, y creyeron (Juan 4:39).

La mujer que sufría flujo de sangre en Lucas 8:43-48 era rechazada por la gente por su enfermedad y el modo en que la ley judía veía su condición como inmunda. No tenían relación con ella, pero tocó a Jesús; solo rozó el borde de su manto, y fue sanada. Jesús sana a los rechazados.

Dios es el defensor de los afligidos.

Busque las historias que he mencionado por usted mismo. Léalas y edifique su fe. Hay muchas historias más por descubrir. Dios es el defensor de los afligidos.

Famosamente ignorados

Muchas personas a las que sin duda alguna llamaríamos exitosas también sufrieron rechazo, pero eso no las detuvo.

- Abraham Lincoln perdió empleos, elecciones, y sufrió muchas dificultades personales.[21]
- En 1919, Walt Disney fue despedido y su editor le dijo que «le faltaba imaginación y que no tenía ideas originales».[22]
- Antes de su programa tan exitoso, *I Love Lucy*, los profesores de teatro de Lucille Ball la animaron mucho a que probara otra profesión.[23]
- Durante su vida, y mientras escribía cerca de 1800 obras, menos de una decena de los poemas de Emily

Dickinson fueron aceptados para ser publicados durante su vida.[24]

- En su primer papel, el director de nuevos talentos le dijo al actor Harrison Ford: «Nunca llegarás a nada en esta profesión. Olvídate de esto». Por fortuna, no lo hizo, y sus actuaciones como Han Solo e Indiana Jones perduran hoy.[25]

El rechazo puede tener un propósito

Pregúntese dónde podría llevarle el rechazo.

Cuando experimente rechazo, le animo a que se pregunte: *¿Dónde me podría llevar este rechazo?* Walt Disney dijo: «Toda la adversidad que he sufrido en mi vida, todos mis problemas y obstáculos, me han fortalecido... Quizá uno no se da cuenta cuando sucede, pero una patada en la boca puede ser lo mejor que le suceda en el mundo».[26] Incluso el rechazo doloroso puede ser motivador, pero más que eso, me gusta ver qué milagros puede sacar Dios de ello.

En Génesis 45:8, José les dice a sus hermanos, que lo habían vendido como esclavo: «No fueron ustedes los que me enviaron aquí, sino Dios. Él me ha puesto por padre de Faraón y señor de toda su casa y gobernador sobre toda la tierra de Egipto». José les dice después a sus hermanos: «Ustedes pensaron hacerme mal, pero Dios lo cambió en bien para que sucediera como vemos hoy, y se preservara la vida de mucha gente» (Génesis 50:20). Mediante su terrible acción, Dios llevó a José a un lugar de honor y salvó a muchas personas de morir de hambre. Esto nos recuerda que no debemos prestar demasiada atención ni a la persona que nos rechaza ni al diablo. Sería darles más poder del que merecen. Dios es el único que tiene poder sobre todo. Deuteronomio 7:21 dice: «No te espantes de ellos, porque en medio de ti está el Señor tu Dios, Dios grande y temible». Solo leer esto me produce paz en el alma y una sonrisa en el rostro.

El rechazo siempre es una posibilidad; pero, sin riesgo, nuestra vida no puede crecer, tener relaciones reales, o progresar. A menudo oro para que Dios me esconda del mal. Pido que me proteja bajo la sombra de sus alas y me lleve donde Él quiera, cuando quiera. Por lo tanto, ¿podría ser que Dios esté usando incluso el rechazo como un medio para hacer eso? ¿Podría ser una forma de protección o la respuesta a la oración? ¿Podría ser que la aflicción no es lo que Dios quiere para usted, pero a la vez puede usarla para hacerle bien en su vida? ¡Por supuesto! Deshágase de las mentiras del rechazo, pero abrace las lecciones que pueda aprender de ello. Escuche con un corazón abierto para los cambios que tenga que hacer en su vida. Comience a pensar de otra manera. Empiece a creer y a decir: «Dios usará esto para mi bien».

Abrace las lecciones aprendidas por medio del rechazo.

Es una hermosa redención y una dulce venganza que

salga algo bueno de lo que el enemigo quiso usar para mal. Dios puede usar una experiencia de rechazo para redirigirle, abrir nuevas puertas, y llevarle por caminos que de otro modo habría pasado por alto. Puede usarla para protegerle de relaciones que no son las mejores para usted o de otras malas situaciones y personas en el futuro. A través de ese rechazo puede darle más empatía, amor, y compasión por otros que han vivido situaciones similares.

Su pasado no es su futuro. Su dolor no ha sido en vano. Está aprendiendo a ver las cosas de manera diferente, a pensar diferente, y a confiar en un Dios fiel por más de lo que jamás imaginó posible.

Acérquese más

1. ¿Qué le dice Romanos 8:26-28 NBLA sobre el hecho de que su futuro es más brillante que su pasado?

   ____

   ____

2. David escribe abiertamente en los Salmos sobre su rechazo y dolor. ¿Con qué versículos sobre este dolor se identifica usted? ¿Qué versículos le inspiran a confiar más en Dios?

   ____

   ____

3. ¿De qué maneras se identifica con estas historias bíblicas de rechazo y sanidad?

- David

___

___

- Moisés

___

___

- Samuel

___

___

- La mujer del pozo

___

___

- La mujer con flujo de sangre

___

___

4. ¿De qué maneras la gente le ha ignorado, menospreciado o intentado poner límites a su potencial? ¿Qué dice la Palabra de Dios sobre usted que contradice las palabras y acciones de ellos?

___

___

5. Identifique maneras en las que Dios ha tomado su experiencia de rechazo y la ha usado para su propio bien, o cómo podría hacerlo en el futuro. Marque todo lo que sea relevante para usted y añada otras que vengan a su mente:
   - Para desarrollar empatía y comprensión
   - Para protegerle de relaciones tóxicas

- Para abrir nuevas puertas y llevarle donde Él quiere que esté
- Para impedir que sufra más dolor más adelante
- Otras:

____

____

CAPÍTULO 14

Las personas heridas hieren a otros

Joyce

Sean ustedes misericordiosos, así como su Padre es misericordioso.

Lucas 6:36 NBLA

Aprender las lecciones que compartiré con usted en este capítulo fue una clave muy importante hacia mi sanidad. Creo que una razón por la que Dios es misericordioso con nosotros es que Él sabe por qué hacemos lo que hacemos. Él no se limita a mirar solo *qué* hemos hecho, sino también *por qué* lo hicimos. Cuando hace años me comportaba muy mal, Dios sabía el dolor que había experimentado, y fue misericordioso y paciente en su trato conmigo. A veces, cuando la gente me preguntaba: «¿Por qué te comportas así?», yo tenía que preguntarme: «Comportarme ¿cómo?». No sabía lo que estaba haciendo o por qué lo hacía. Una de las lecciones que Dios me enseñó es que *las personas heridas hieren a otros*. Esto me ayudó mucho cuando me di cuenta de que tenía que perdonar a mi padre.

No conozco todos los detalles de cómo se crio mi padre. Basado en lo que he oído, sé que su padre (mi abuelo) era irritable. Estoy segura de que mi padre recibió muchos maltratos y sufrió de pequeño. Y creo firmemente que hubo incesto en su familia. No tengo dudas de que mi padre era una «persona herida», y por eso produjo tanto dolor en otras personas.

Me he encontrado con muchas personas heridas en mi vida y ministerio, y con mucha frecuencia esas personas heridas hieren a otros. Actúan debido a su propio dolor.

> *Reciba a Jesús como su Señor y Salvador.*

Los estudios demuestran que un tercio de los niños que reciben abuso cuando crecen son abusadores.[27] Un abusador puede dejar un legado de abuso, pero la primera persona de una familia que sufrió abuso y recibe a Jesús como su Señor y Salvador puede detener la maldición generacional de abuso. Creo que esto es lo que ocurrió en mi vida y mi familia, y creo que le puede ocurrir lo mismo a cualquiera que aplique la Palabra de Dios a su vida. No tenemos que heredar cosas malas de nuestros familiares, porque somos coherederos con Jesús, y heredamos todo lo que Él ha recibido de su Padre (Romanos 8:17). Cuando usted recibe a Jesús, se convierte en parte de la familia de Dios, y recibe los mismos derechos y privilegios que Jesús tiene por la fe.

Mediante la consejería, Ginger y Tim descubrieron mucho dolor y temor en la vida de Tim que tuvo que ver gran parte en su adicción. Al ser expuesto a la pornografía a los ocho años de edad, hizo que le robaran su inocencia. Esto produjo una herida profunda.

Cuando alguien le hiere, esto le ayuda a darse cuenta de que puede estar actuando desde su propio dolor. No niega lo que ocurrió, y ciertamente no es una excusa para infligir dolor a otras personas, pero entender que las personas heridas hieren a otros por un motivo (que ellos mismos fueron heridos) nos da una perspectiva que nos ayuda en nuestra sanidad.

La historia de Sarah continúa

¿Recuerda que nuestra amiga Sarah compartió su historia en el capítulo 4? Entender la aceptación incondicional de Dios y que las personas heridas hieren a otros marcó una gran diferencia cuando recientemente conoció a su mamá biológica. Así es como ella lo describe:

> Tuve la oportunidad de practicar esta creciente sabiduría [que las personas heridas hieren a otros] el mes pasado cuando conocí a mi mamá biológica por primera vez. Durante gran parte de mi vida pensé que entender la historia de mi origen llenaría la pieza perdida del rompecabezas que soy. Y pensaba que ver a mi mamá biológica y experimentar al fin su amor de primera mano me permitiría finalmente sanar del temor al rechazo y el abandono que me han seguido durante toda mi vida. Pero, debido a lo que he comenzado a aprender, pude ir a ese encuentro sin estar llena de un sentimiento de necesidad y su correspondiente terror de ser rechazada otra vez; en su lugar, estaba llena de un sentimiento de gratitud y compasión: por mi mamá biológica y el terrible rechazo y abandono que ella había experimentado cuando quedó embarazada de mí; por mis maravillosos padres, que me han demostrado lo más parecido que he conocido jamás en términos humanos al amor de Cristo; y finalmente,

por la persona que soy y en lo que me he convertido mediante todo el dolor, las dificultades, y todas las alegrías de esta vida.

Hágase un favor a usted mismo y perdone

Quiero hablarle ahora sobre el poder del perdón, pero primero permítame decir que sé que el rechazo duele. El dolor es real, y aunque usted perdone, eso no significa que el dolor vaya a desaparecer de inmediato. Conozco a un hombre cuya esposa le dijo que quería el divorcio, y él se quedó asombrado. Llevaban casados casi veinte años, y aunque tenían dificultades, en parte debido a un abuso sexual en la infancia de ella, estaban trabajando en su matrimonio. Él se siente profundamente rechazado, y cuando lo llamé recientemente para ver cómo estaba, me dijo que algunos días no lo lleva tan mal, pero que otros son horribles.

Cuando esté sanando del rechazo, experimentará una amplia gama de emociones, y algunos días serán mejores que otros. Cuanto más mantenga su mente apartada del evento que le hiere, mejores serán sus días; sin embargo, es inevitable pensar en ello a veces, y eso dolerá. Le recomiendo abrazar el dolor, en lugar de luchar contra él, cuando llegue. El dolor es parte del proceso de sanidad, y cuanto más luche contra él, más tardará en producirse la sanidad.

El dolor es parte del proceso de sanidad.

Me gusta usar el ejemplo de una rodilla con una gran herida superficial. Una vez me caí y me raspé la piel de la rodilla. Me dolió cuando me ocurrió, pero me dolía más cuando comenzó a formarse la costra. Pero la costra era necesaria para proteger la herida mientras se sanaba desde el interior.

Las costras a menudo se forman sobre las heridas emocionales, figuradamente hablando, igual que las costras físicas se forman sobre las heridas físicas. Una persona se quita la costra, por así decirlo, de una herida emocional al pensar y hablar continuamente de ello. Si usted sigue quitándose la costra de sus heridas emocionales, terminará con cicatrices que probablemente nunca desaparezcan. Hay un tiempo para hablar y expresar su dolor, pero también hay un tiempo para soltarlo; de lo contrario, nunca sanará. Usted no pude regresar y cambiar su pasado, pero puede hacer lo que sea necesario para tener un gran futuro. A menudo digo: «Yo no tuve un buen comienzo en la vida, pero estoy decidida a tener un gran final».

Parece injusto que se le pida a una persona que perdone a alguien que le ha herido profundamente. La persona que le hirió es probable que no merezca su perdón, pero usted se merece la paz, y nunca la tendrá si no perdona. Como mencionó Ginger en el capítulo 6, para poder perdonar debe saber que el perdón no es un sentimiento; es una decisión que usted toma sobre cómo tratará a la persona que le hirió, rechazó u ofendió.

Jesús dejó claro en su Palabra que perdonar a nuestros enemigos es algo que se espera de nosotros como creyentes. Tenemos que perdonar a otros así como nuestro Padre celestial nos perdona. Jesús pagó un alto precio para que nuestros pecados fueran perdonados. Pagó este precio aunque nosotros no nos merecíamos que lo hiciera. Si queremos ser como nuestro Padre celestial, debemos perdonar a otros los pecados que haya cometido contra nosotros.

> «Sean más bien amables unos con otros, misericordiosos, perdonándose unos a otros, así como también Dios los perdonó en Cristo».
>
> Efesios 4:32 NBLA

No solo debemos perdonar, sino que también tenemos que bendecir a los que nos hieren o nos ofenden.

> «Pero a ustedes que me escuchan les digo: Amen a sus enemigos, hagan bien a quienes los odian, bendigan a quienes los maldicen y oren por quienes los maltratan».
>
> Lucas 6:27-28 NVI

Como mencionó Ginger en el capítulo 11, el diablo a menudo nos hiere usando a otras personas. Como esto es cierto, también es cierto que nosotros le permitimos que siga hiriéndonos si nos negamos a perdonar a las personas que nos ofenden. La mejor manera de ir contra el enemigo que lo hiere es hacer el bien a sus ofensores. Jesús dice que tenemos que amar a nuestros enemigos, orar por ellos para bendecirlos, y ayudarles si están en necesidad (Mateo 5:44; 25:35-40; Lucas 6:27-36). Pablo cita a Jesús en Romanos 12:20: «Si tu enemigo tiene hambre, dale de comer; si tiene sed, dale de beber. Actuando así, harás que se avergüence de su conducta». Cuando usted comienza a orar por alguien que le ofendió, sus sentimientos hacia esa persona mejorarán. Además, ayudarle si tiene una necesidad es algo poderoso. Esto satisfará la necesidad que esa persona pueda tener, y a la vez usted podrá sanar.

Yo nunca tuve *sentimientos* amorosos hacia mis padres, pero los amé porque decidí obedecer Romanos 12:20. Oré por ellos, y Dave y yo cuidamos de ellos por casi quince años cuando se hicieron mayores y no podían cuidar de ellos mismos, ni físicamente ni económicamente. Sabía que eso era lo correcto que yo debía hacer, y lo hice con la ayuda de mis hijas. No sentía necesariamente amor hacia mis padres, pero el amor no es solo un sentimiento; es mucho más que eso. Mis padres estaban en una residencia asistida, y nosotros pagamos su estancia allí, les hacíamos la compra, les lavábamos la ropa, los llevábamos a sus citas médicas, les comprábamos la ropa, y otras cosas más. Ayudarlos de esa manera no nos beneficiaba en

Haga lo correcto incluso cuando no le parezca que lo sea.

nada. Cuando usted hace lo correcto cuando no le parece que lo sea, está creciendo espiritualmente.

Perdón y oración

Todos queremos que nuestras oraciones sean contestadas, pero no sucederá si tenemos rencor o falta de perdón en nuestro corazón.

> «Por eso les digo que todas las cosas por las que oren y pidan, crean que ya las han recibido, y les serán concedidas. Y cuando estén orando, perdonen si tienen algo contra alguien, para que también su Padre que está en los cielos les perdone a ustedes sus transgresiones. Pero si ustedes no perdonan, tampoco su Padre que está en los cielos perdonará sus transgresiones».
>
> Marcos 11:24-26 NBLA

Multitudes de personas han hecho una oración para perdonar a alguien, pero al no sentirse diferentes después de hacerlo, han pensado que no habían perdonado de verdad; por lo tanto, es importante saber que el perdón no es un sentimiento sino una decisión. Y, como ya he destacado, el amor tampoco es un sentimiento. Tanto el perdón como el amor pueden *producir* sentimientos, pero lo que importa más que tener sentimientos es que tomemos la decisión de perdonar y amar, y que lleguemos en realidad a perdonar y amar.

Antes de orar, es bueno que examinemos nuestro corazón para asegurarnos de no tener enojo contra nadie. El apóstol Pablo en su carta a los Efesios dice que no deberíamos dejar que el sol se ponga sobre nuestro enojo, o de lo contrario le daremos ventaja al enemigo en nuestra vida (Efesios 4:26-27). Pablo también enseña a los corintios a perdonar para que Satanás no tome ventaja sobre ellos (2 Corintios 2:10-11).

Por muy difícil que pudiera parecer perdonar a alguien, y por mucho que usted pudiera pensar que la persona *no* se merece ser perdonada, si presta atención a estos versículos verá que tener rencor o falta de perdón en su corazón hacia alguien es peligroso.

Cuando a usted le han herido, perdonar a la persona o personas que le ofendieron es parte de su propia sanidad. Hasta que usted perdone, lo que le hicieron seguirá carcomiéndole. Si no tiene usted cuidado, puede llegar a amargarse, y eso empeorará su estado.

> «Sea quitada de ustedes toda amargura, enojo, ira, gritos, insultos, así como toda malicia. Sean más bien amables unos con otros, misericordiosos, perdonándose unos a otros, así como también Dios los perdonó en Cristo».
>
> Efesios 4:31-32 NBLA

He aprendido que, cuanto antes se perdone, más fácil es hacerlo. Si espero demasiado tiempo, el rencor comenzará a echar raíces en mi corazón y será mucho más difícil lidiar con ello después.

El rencor añade estrés

Aferrarse al rencor añade estrés a su vida. El estrés está detrás de muchas enfermedades, y puede convertirse en un problema de salud peligroso si no se trata. La mayoría de las personas hoy dirían que tienen demasiado estrés en su vida, y parte del mismo, creo yo, es simplemente que el mundo es un lugar ruidoso y estresante. Añadamos a eso un estilo de vida que es demasiado ocupado, después un montón de enojo y rencor, y tenemos las marcas de una vida infeliz, una vida que finalmente o explotará o implosionará. Creo verdaderamente que, cuando perdonamos, nos hacemos a nosotros mismos un favor. La persona con la que me enojo quizá ni siquiera sepa o le importe que yo esté enojada con ella, pero aferrarme al rencor carcome mi paz.

Pienso en algunas veces en el pasado en las que estuve enojada con Dave por dos o tres semanas. Ahora, me doy cuenta de cuán ridículo fue mi comportamiento, pero en ese entonces estaba controlada por mis emociones. Un día, Dave dijo: «¿No sería una lástima que Jesús viniera hoy mismo y tú hubieras pasado tu último día en la tierra enojada?». Esta es una buena pregunta para que todos meditemos un poco en ella.

> *El perdón es el comienzo de la sanidad.*

Creo que el perdón es el comienzo de toda la sanidad

que necesita nuestra alma. Tenemos que recibir el perdón de Dios y perdonar a cualquier persona con la que tengamos algo en contra si verdaderamente queremos ser sanados.

Acérquese más

1. ¿Cómo le afecta el hecho de que las personas ofendidas a menudo terminan ofendiendo a los que tienen a su alrededor? ¿Cómo podría esta perspectiva abrir una puerta de perdón y sanidad en su vida?

   ____

   ____

2. Joyce afirma: «Le recomiendo abrazar el dolor, en lugar de luchar contra él, cuando llega. El dolor es parte del proceso de sanidad, y cuanto más luche contra él, más tardará la sanidad». ¿Le parece que esto es cierto? ¿Cómo abrazará su dolor y abrirá su corazón a la sanidad de Dios?

   ____

   ____

3. ¿Por qué se hace un favor a sí mismo cuando perdona?

   ____

   ____

4. ¿Qué puede aprender sobre el poder del perdón de Efesios 4:31-32?

   ____

   ____

5. ¿Alguna vez ha pensado en el hecho de que el rencor añade estrés a la vida de una persona? ¿Cómo ha experimentado esto de manera personal o lo ha visto en la vida de alguien?

    ____

    ____

6. Ore y pídale a Dios que le revele una persona a la que usted tiene que perdonar. Como el perdón es una decisión y no un sentimiento, escriba sus decisiones para que pueda comprometerse con ellas cuando sus sentimientos le digan lo contrario.

    ____

    ____

PARTE 4

Adiós, inseguridad; hola, paz

Porque no nos ha dado Dios espíritu de cobardía, sino de poder, de amor y de dominio propio.

2 Timoteo 1:7 NBLA

CAPÍTULO 15

Cómo alimentar la confianza

Ginger

Bendito el hombre que confía en el Señor y pone su confianza en él.

Jeremías 17:7 NVI

El rechazo puede ser como un jarro de agua fría sobre el fuego de la confianza, pero aun así usted puede apropiarse de la confianza. Es un regalo de Dios, y tiene que quitarle el envoltorio. No depende de su talento, inteligencia o apariencia. No se trata de lo que usted haga, de cuánto dinero tenga, o de si otros le aceptan. Esta confianza, la confianza que viene de *Él*, gira en torno al perfecto amor que echa fuera el temor (1 Juan 4:18) y se da gratuitamente a todos. Es importante saber que usted puede aceptar este regalo, pero también debe aprender a usarlo.

Me gusta el modo en que Joyce describe la confianza en su libro *Mujer segura de sí misma*:

> Una persona sin confianza es como un avión en una pista de despegue con los tanques de combustible vacíos. El avión tiene la capacidad de volar, pero sin combustible, no se despegará del suelo. La confianza es nuestro combustible. Nuestra confianza, nuestra creencia de que podemos tener éxito, hace que comencemos y nos ayuda a terminar cualquier desafío que venga a nuestra vida.

Es muy importante entender la distinción entre una confianza condicional y una confianza profundamente arraigada. La confianza condicional tiene muy mal balance sobre un terreno blando o podría ser solo una fachada. El camino saludable hacia la confianza está basado en Cristo. Todos conocemos personas cuya «confianza» es descarada y dominante, lo cual a menudo es un mecanismo de defensa para tapar la inseguridad. Hay personas cuya confianza está basada por completo en sus propios méritos y fortalezas. Esto puede ser muy eficaz hasta que sufren rechazo o hasta que se les presenta algo que no pueden manejar por sí mismos, y ese algo siempre llegará.

Si nuestra confianza está basada en otras personas o relaciones, está destinada a sucumbir. Nunca olvidaré cuando el mundo de mi amiga Kelly se derrumbó.

La historia de Kelly

Cuando supe que mi esposo por catorce años estaba en una relación con mi mejor amiga, muchas cosas se desgarraron en mi vida. Perdí a mi esposo y a mi mejor amiga en un doloroso momento. Sentí el rechazo como si una persona me hubiera clavado un puñal en la espalda y otra lo hubiera hecho en el pecho. No sabía hacia dónde caerme. Estaba en el agujero más oscuro de mi vida y sentía que nunca encontraría una salida. Estaba sola, sin nadie en quien confiar.

Mi confianza quedó destrozada. El rechazo dice: «Es culpa tuya». Estaba demasiado gorda o no era lo suficientemente talentosa. Me preguntaba por qué alguien me iba a querer alguna vez.

Cometí muchos errores al intentar llenar el agujero de mi corazón y negarme a esperar el tiempo de Dios. Me volví a casar, y mi segundo esposo me engañó. Estaba desesperada por estar con alguien. Me hubiera gustado tener confianza siendo yo misma.

Aferrarme al hecho de que Jesús también sufrió rechazo comenzó a cambiarme (Isaías 53:3). Con su ayuda, eliminé todo el dolor y el enojo. La sanidad fue un proceso de años, décadas realmente, pero no estaba dispuesta a abandonar. Le dije a Dios: «No dejaré de clamar a ti pidiéndote sanidad hasta que la tenga». El día que le dije a la que había sido mi mejor amiga que la perdonaba, la sanidad comenzó a fluir.

Mi confianza creció con cada pequeño milagro que Dios hacía. Cuando estaba a solas con Dios, Él obró de maneras que solo Él y yo sabíamos. Aprendí que podía confiar en Él. Tras años de dolor y rechazo, Él me ha dado un hombre maravilloso que verdaderamente me ama, pero mi confianza viene de algo mucho más profundo que nuestra relación. No viene o se va porque haya sido rechazada, esté casada, divorciada, o soltera. Estoy segura por el amor inconmovible con el que Dios me ama. Nunca más permitiré que nada creado, como una persona o situación, me arrebate lo que el Creador mismo puso en mí.

¿De dónde extraemos nuestra confianza?

La garantía infalible viene de un solo lugar.

El pozo del que usted extrae su confianza marca toda la diferencia. Yo descubrí esto de una manera muy dolorosa. Mencioné antes que soy una persona segura por naturaleza. Mi mamá dice que salí así, pero he aprendido que una personalidad segura con su base en el yo no es suficiente. Mi seguridad no estaba cimentada sobre un terreno firme. Aún tenía que hacer, tener éxito, aparentar. Sabía lo que decía la Biblia, y en verdad lo creía, pero dependía de mi propia fuerza para sostenerme. Como extraía mi confianza de mí misma, el rechazo que experimenté la sacudió de tal modo que se derrumbó delante de mis propios ojos.

El diccionario Merriam-Webster define *confianza* como «un sentimiento o consciencia del propio poder de uno mismo o de la confianza en las circunstancias de uno».[28] Esto describe dónde estaba mi confianza, y esa fue mi caída. Cuando mis circunstancias se escapaban de mi control, me daba cuenta de que no tenía poder para cambiar las cosas. Pensaba que eso significaba que era indigna, y mi confianza fallaba. Pero era una mentalidad errónea.

Creo que esta definición de Dictionary.com de *confianza* es mucho más precisa: «Confianza plena; creencia en las habilidades, confiabilidad o fiabilidad de una persona o cosa... seguridad».[29]

Usted puede y debe creer en sí mismo, eso es saludable, pero la «confianza plena» y la «seguridad», o una garantía infalible, viene de un solo lugar. Este tipo de confianza solo se encuentra en Cristo. Ciertamente, creo en mí misma porque Dios me creó de forma amorosa y con propósito, y me gusta cómo me hizo; pero estoy muy lejos de ser perfecta. No puedo confiar plenamente en mi propio poder o en mis circunstancias; sin embargo, puedo ser valiente por *su* poder y fidelidad.

Proverbios 31 describe a una «mujer ejemplar» (v. 10 NVI). El versículo 25 dice: «Se reviste de fuerza y dignidad y afronta segura el porvenir». Esta es una bella estampa de la confianza. La mujer segura de sí misma es una mujer de fortaleza y gozo. Cuando mi confianza estaba basada más en mí misma que en Cristo, tenía que demostrar mi valía constantemente. Tenía que sacar buenas calificaciones, tener una carrera exitosa, tener una familia feliz... y la lista continúa. En ese entonces no me daba cuenta, pero era agotador. Ahora tengo confianza por quién es Dios, y confío en lo que Él dice que soy. Usted también puede hacerlo. Es amado, escogido y llamado. Incluso cuando nuestras circunstancias no sean las que queremos, cuando otros nos hagan daño, cuando cometamos errores, o cuando no estemos en nuestro mejor momento, podemos permanecer seguros en las promesas como la que hay en Proverbios 28:1, que dice: «el justo vive confiado como un león». ¡Ha llegado su momento de rugir!

Aprópiese de su confianza

Ahora que sabe cómo extraer su confianza de la fuente correcta, aquí tiene cinco pasos útiles para desarrollar, o quizá, reclamar su confianza.

1. Actúe de una manera que produzca confianza.

Imagine lo que sería actuar con confianza y después llevarla a cabo practicando esas acciones. Sea una persona de integridad, bondad, y alguien en quien se pueda confiar. Sea alguien en quien se sentiría cómodo poniendo su confianza.

> *Sea el tipo de persona a quien le confiaría su propia confianza.*

2. Comience a hacer cosas que fomenten su confianza.

Piense en lo que ve como confianza, e intente hacer cosas que estén alineadas con su visión. Comience con cosas pequeñas y vaya aumentando. Domine una, después intente otra. Por ejemplo, primero hable en una conversación, después en un grupo pequeño y finalmente, si está preparado y quiere, hable en un escenario frente a una audiencia. Escoja un camino que le lleve a la meta que busca, y poco a poco se demostrará a usted mismo que sí puede tener éxito.

3. Redefina el fracaso.

Un revés no le define. No generalice un fracaso y decida que eso determina quién es usted. Cuando se produzca un fracaso, considere qué es lo que puede aprender de ello, reexamine sus metas y motivaciones, haga ajustes, regrese a la Escritura para aumentar su confianza y, en el momento correcto, vuelva a intentarlo o pruebe una variación apropiada. Pero, haga lo que haga, no permita que el fracaso intente destruir su creciente confianza. ¡No se rinda!

4. Evite la comparación.

Cuando me enteré de la dependencia que tenía mi esposo de la pornografía, mi confianza se hizo añicos. Él intentó asegurarme que no tenía que ver conmigo, pero ¿cómo podía eso ser cierto? Como dijo mi amiga Mischelle cuando pasó por la misma situación con su esposo: «¿Cómo puede una vencer cuando está luchando contra una fantasía?».

Para la persona que ha tenido un cónyuge que le ha engañado o ha experimentado una traición similar, las comparaciones son como montañas a superar. Sinceramente siento su dolor, pero la comparación es una sentencia de muerte para la confianza de cualquiera. Siempre habrá alguien que sea más exitoso, más inteligente, más atractivo. La comparación es una trampa que lleva a sentirse cada vez menos digno, menos capaz, y menos valiente hasta que uno se pierde sin esperanza. En lugar de eso, resista la tentación y recuerde que no puede mirar nunca a alguien y ver el cuadro completo de su vida. Todos tenemos defectos y faltas, pero en raras ocasiones las compartimos.

Cuando usted aprende a definir su valía según la

Palabra de Dios y no según la comparación o la aprobación de otros, será libre de este doloroso ciclo de decepción, y su profunda necesidad de aceptación y afirmación quedará bien satisfecha.

5. Abrace la verdad del propósito de Dios para usted.

Dios ha puesto algo hermoso en usted. La confianza fluye libremente cuando usted se da cuenta de que tiene un propósito dado por Dios que solo usted puede lograr. Concédase el permiso de amar al yo que Dios creó, con sus rarezas, sus fallas, su belleza. Recuerde:

Ame el yo que Dios creó.

- Su belleza no viene de tener a alguien que le diga que es usted bella.
- Su talento no solo cuenta cuando otros lo reconocen.
- Su valor existe incluso cuando otros no lo ven o aprecian.
- Su valía en Cristo nadie se la puede quitar.

Siempre hay alguien que necesita sus dones, su bondad, su amistad, su sabiduría y su amor. Usted es indispensable. La confianza más grande llega al abrazar exactamente esa persona que Dios creó en usted.

Aférrese fuertemente a 2 Timoteo 1:7: «Pues Dios no nos ha dado un espíritu de timidez, sino de poder, de amor y de dominio propio».

Libere la presión

A medida que recorre los pasos hacia una confianza saludable, respire un poco y comprenda que no necesita desarrollar la confianza para todo el viaje de una vez. Vaya día a día. La confianza crecerá con la experiencia, el éxito e incluso el fracaso, porque también aprenderá de todo ello. Comience por donde está, confiando en Aquel que recorre cada paso con usted y dirige su camino. Permita que su confianza florezca y crezca a partir de ahí.

Para hacer eso, necesitamos lo que leemos en la Biblia. Necesitamos lo que Dios dice sobre quiénes somos y su amor por nosotros para que pasemos de las palabras de una página a un entendimiento sentido y profundo en nuestra alma. Es ahí donde la confianza crece y donde se produce la sanidad. Tal vez tengamos que experimentar algo de dolor e incluso rechazo en la vida para aprender no solo a empatizar con las heridas de otros, sino también a edificar confianza sobre un fundamento firme, uno que no sucumbirá cuando nuestro mundo tiemble. Yo soy mejor por haber pasado por el dolor del rechazo, a pesar del hecho de que Satanás intentó que eso me destruyera, que mi propósito descarrilara, y que yo quedara acobardada. Lo que él no esperaba es que en mi debilidad, fui fortalecida (2 Corintios 12:10).

Finalmente, cuando el rechazo intente apalear su confianza, descanse tranquilo sabiendo que no todo está perdido. Vuelva a enfocarse en la fortaleza de Aquel que es su fuente. Puede hacerlo pasando un tiempo en oración y lectura de la Escritura enfocado en lo fuerte que es Dios y cómo podemos depender de Él para recibir de su mano todo lo que necesitamos. Considere lo siguiente:

> «No teman ni se acobarden; salgan mañana al encuentro de ellos porque el Señor está con ustedes».
>
> 2 Crónicas 20:17 NBLA

> «El Señor es mi fuerza y mi escudo; en Él confía mi corazón, y soy socorrido; por tanto, mi corazón se regocija, y le daré gracias con mi cántico».
>
> Salmos 28:7 NBLA

> «Dios es mi salvación, confiaré y no temeré; porque mi fortaleza y mi canción es el Señor Dios, Él ha sido mi salvación».
>
> Isaías 12:2 NBLA

> «En el día que invoqué, me respondiste; me hiciste valiente con fortaleza en mi alma».
>
> Salmos 138:3 NBLA

Isaías 51 grita el poder de Dios y nos recuerda por qué nuestra confianza en Él está segura:

> Yo, Yo soy su consolador. ¿Quién eres tú que temes al hombre mortal, y al hijo del hombre que como hierba es tratado? ¿Has olvidado al Señor, tu Hacedor, Que extendió los cielos y puso los cimientos

> de la tierra... Porque Yo soy el Señor tu Dios, que agito el mar y hago bramar sus olas (el Señor de los ejércitos es su nombre) y he puesto mis palabras en tu boca, y con la sombra de mi mano te he cubierto al establecer los cielos, poner los cimientos de la tierra y decir a Sión: «Tú eres mi pueblo».
>
> Isaías 51:12-13, 15-16

Usted es de Dios, y Él es un *gran* Dios. La confianza florece en una atmósfera de fe. Cuando la gente ataque, pruebe esto: sea lo suficientemente confiado como para dejarles que se equivoquen con usted. Deje de defenderse. Permítales creer lo que quieran y siga avanzando, confiando en que Dios le defiende, y sepa que Él es su defensor. Descubrirá una paz y un poder que no conocía antes.

Nutra esta semilla de confianza. Vuelva a plantarla en la buena tierra de quien Jesús declara que es usted, y riéguela con el amor y la aceptación de Dios. Estírese un poquito. Ponga toda su seguridad en Él. Después, solo para divertirse, dese unas palmaditas en los hombros y diga: «Eres genial, ¡y tienes un cabello fabuloso!». Eso nunca viene mal.

Acérquese más

1. El rechazo puede ser como «echar un jarro de agua fría sobre el fuego de la confianza». ¿Cómo le ha hecho perder su confianza sentirse rechazado?

____

____

2. ¿De qué maneras se identifica usted con la historia de Kelly?

____

____

3. ¿Cuáles son algunos pozos de los que ha intentado extraer su confianza, y cuáles fueron sus resultados? Marque los que correspondan y añada otros que se le ocurran:
   - ○ Talento
   - ○ Inteligencia
   - ○ Apariencia
   - ○ Trabajo
   - ○ Dinero
   - ○ Éxito
   - ○ Conseguir la aceptación de ciertas personas
   - ○ Familia
   - ○ Otro:

____

____

3. ¿De dónde viene un sentimiento duradero de confianza verdadera? ¿Cómo podemos acceder a esta verdad duradera cuando nuestra confianza parezca inestable?

____

____

4. ¿En qué áreas de su vida le gustaría tener más confianza?

____

____

5. Diseñe su plan de vuelo para una confianza saludable, y la pista de despegue para poder volar:
   - ¿Qué verdades de la Palabra de Dios sobre de dónde viene su fortaleza serán su fundamento? Escriba un versículo o dos que le animarán.

     ____

     ____

   - ¿Qué verdades de la Palabra de Dios sobre quién dice Dios que es usted le harán despegar? Escriba un versículo o dos que le darán impulso.

     ____

     ____

   - Basado en la Palabra de Dios, ¿qué verdades sobre sus promesas para su propósito y su futuro impulsarán su confianza? Escriba un versículo o dos que le sostendrán en el aire.

     ____

     ____

CAPÍTULO 16

Cómo desarrollar relaciones interpersonales saludables

Joyce

El que anda con sabios será sabio, pero el compañero de los necios sufrirá daño.

Proverbios 13:20 NBLA

Debido al rechazo y el temor, desarrollé algunos hábitos relacionales perjudiciales muy al comienzo de mi vida, así que entiendo que aprender a establecer relaciones saludables es importante para el proceso de sanidad. Estoy hablando sobre conexiones que sean mutuamente beneficiosas, no codependientes, abusivas o destructivas, sino esas que le acercan a su Padre celestial. Le animo a comenzar a orar por las relaciones correctas.

El mejor consejo práctico que tengo para las personas cuando entran en nuevas relaciones es escoger una persona o un grupo que coloca a Dios primero en todo lo que hacen. Esto no significa necesariamente que vaya a surgir una gran relación, pero es un gran fundamento. Además, es importante escoger personas que sean honestas y confiables, que anden en integridad y tengan un carácter íntegro, y que serán una buena influencia para su vida. También es bueno que usted tenga alguien compatible para que los dos disfruten de estar juntos. Estas son pautas generales para una variedad de escenarios relacionales.

No todas las relaciones son buenas para todas las personas

A medida que van llegando nuevas personas a su vida, ore para saber el tipo de relación que tendrá con ellas. He oído que algunas personas llegan a nuestra vida por una razón, algunas llegan solo para un tiempo, y otras llegan para toda la vida. Algunas personas finalmente se convertirán en muy buenos amigos, y otros serán solo conocidos. Dios sabe lo que debería ser cada relación, y Él nos lo mostrará si buscamos su guía.

Creo que es importante destacar que no todas las personas encajan bien. Solo porque quiera ser amigo de alguien no significa que esa relación sería buena para usted. Si se siente rechazado por alguien con el que le gustaría tener más cercanía, es posible que la persona no le esté rechazando; simplemente podría ser que Dios le esté protegiendo de algo que no sería bueno para usted si tuviera más cercanía con esa persona. Confiar en Dios en todas las cosas nos protege de gran parte del dolor que experimentamos en la vida. Dios nos manda que amemos a todos (Juan 13:34). Podemos hacerlo porque Dios nos da la capacidad de amar (Romanos 5:5), pero amar a alguien no significa necesariamente que tener una amistad cercana con esa persona vaya a ser bueno.

He conocido a personas que dejaron claro que querían ser buenas amigas mías, pero su personalidad y la mía no encajaban bien. Esto no significa que haya cosas malas en ellas; podría significar que no encajan bien conmigo o que yo no encajo bien con ellas. Soy amigable con ellas y las aprecio como individuos, pero no tengo que intentar ser su mejor amiga solo porque ese sea el tipo de relación que a ellas les gustaría tener conmigo. Si alguna de estas personas es insegura, puede que se sienta rechazada cuando yo escoja no entrar en una relación cercana; pero decidir no invitarlas a hacer todo lo que yo hago no significa que las esté rechazando. Cada uno debe encontrar su seguridad en Cristo y no esperar que otras personas le hagan sentir bien consigo mismo.

Hace años atrás, una mujer que asistía a un estudio bíblico semanal que yo dirigía le dijo a otra persona del grupo que yo la estaba rechazando porque nunca dedicaba tiempo a conversar con ella. Ciertamente no quería herirla, pero sinceramente no recuerdo ni una sola vez que la ignorase. Ni siquiera recuerdo verla mucho. Oré por esta situación, y Dios me mostró que Él hizo que yo no la viera, porque ella estaba intentando conseguir algo de mí que Él quería que ella lo consiguiera de Él. Ella quería conseguir un sentimiento de valía, dignidad y seguridad por tener mi atención. Si yo se la hubiera dado, se habría decepcionado porque estaba buscando algo de mí que solo podía obtener de Dios.

En ocasiones, nuestros valores e intereses son tan diferentes a los del otro que la amistad entre nosotros sencillamente sería imposible. Los estudios revelan que solo podemos gestionar cinco amistades íntimas a la vez,[30] y la mayoría de las personas dicen que tienen entre uno y cuatro buenos amigos.[31] La persona que intenta ser el mejor amigo *de todos* terminará agotada y es probable que termine sin ninguna amistad verdadera, profunda y significativa.

Intentar ser el mejor amigo de todos es agotador.

Relaciones y tipos de personalidad

Creo que conocer un poco los tipos de personalidad puede protegernos del rechazo. Cuando entendemos los tipos básicos de personalidad, podemos ver mejor por qué algunas personas disfrutan de la compañía de otras y les va bien juntos en sus relaciones y por qué otras no. Si una relación no funciona, somos capaces de ver que nuestra personalidad no se complementa bien con la de otra persona y viceversa, y no lo tomaremos como algo personal.

Hay cuatro tipos básicos de personalidad: sanguíneo, colérico, flemático y melancólico. Veamos cada uno de ellos.

- *Sanguíneo:* Algunos tipos de personalidad necesitan personas a su alrededor frecuentemente, mientras que otras no. El sanguíneo, por ejemplo, quiere y necesita mucha interacción con otras personas. Por lo general, una persona sanguínea prefiere estar con gente que estar solo. Las personas sanguíneas son muy sociales. Son entusiastas y, por lo general, son el alma de la fiesta. Conozco a una mujer casada con un pastor que es sanguíneo, y él quiere tener gente con ellos constantemente. Ella dice: «La gente vigoriza a mi esposo, y a mí me desgasta». Este es un buen ejemplo de cuán distintas podemos ser las personas.
- *Colérico:* Las personas que tienen un tipo de personalidad colérica, como yo, puede que inviertan su

tiempo solamente en personas que les ayudan a conseguir sus metas. De todos los tipos de personalidad, los coléricos son los que más probabilidades tienen de herir los sentimientos de las personas y ni siquiera darse cuenta de que lo han hecho. Tienden a ser dominantes y enfocarse más en los resultados que en los sentimientos. No necesitan muchas buenas amistades, y aunque quieren amigos, también disfrutan pasando tiempo a solas. Aprender a andar en amor con todas las personas ha sido de un valor incalculable para mí. Puedo amar a alguien y a la vez no estar encantada con su personalidad.

- *Flemático:* Las personas con este tipo de personalidad son de buen trato y relajadas; no se preocupan, y no se enfocan en cómo los demás les hacen sentir. Los flemáticos probablemente no se den cuenta de si fueron o no rechazados, y si lo fueron, probablemente ni les importe. Dave tiene una personalidad flemática.
- *Melancólico:* Las personas con un tipo de personalidad melancólica tienen más probabilidades que otros de sentirse heridos fácilmente, y quizá incluso se imaginen un rechazo que no es real. Aunque les gusta la privacidad y prefieren solo unos cuantos buenos amigos, son sensibles a cómo las personas les hacen sentir. Por naturaleza, no están orientados a la socialización. Están felices si están a solas, hablando en general, y necesitan una razón para estar con otros.

Hay mucho más que aprender sobre los tipos de personalidad, y es fascinante. Si le gustaría saber más, le recomiendo *Personality Plus* de Florence Littauer o *Temperamentos controlados por el Espíritu* de Tim LaHaye. Ambos libros me ayudaron tremendamente en un momento de mi vida en el que estaba luchando con muchas de mis relaciones. Además, existen en internet varias pruebas de personalidad donde puede aprender más sobre su personalidad y descubrir qué fortalezas puede ofrecer a otras personas y qué necesita de ellas.

La mayoría de nosotros tenemos una mezcla de más de un tipo de personalidad. Ginger es colérica/sanguínea, así que, como ella dice, le encanta divertirse con muchas personas a su alrededor y decirles a otros cómo divertirse también. Es una líder que consigue hacer muchas cosas buenas.

Como puede ver, esta información general sobre los tipos de personalidad no aporta un emparejamiento perfecto para todos, pero nos da una idea sobre cuán diferentes somos. Cada uno de los distintos tipos de personalidad tiene fortalezas y debilidades, y deberíamos apreciar las fortalezas de las personas y soportar sus debilidades (Romanos 15:1).

Permítame enfatizar que Dios nos exige que amemos a todos, pero no tenemos que pasar mucho tiempo con alguien con el que sencillamente no encajamos bien. Incluso Jesús parecía tener una relación más cercana con Pedro, Santiago y Juan que con los demás apóstoles. De estos tres, Juan parece ser el que tenía una relación más íntima con Jesús que cualquier otro discípulo. Jesús no rechazó a los demás, pero Él sabía cuál sería cada uno de sus futuros y tenía una razón para pasar más tiempo con unos que con otros.

Le he pedido a Dios que ponga en mi vida a las personas correctas para mí, así que cuando una relación parece no estar funcionando bien, sencillamente creo que no debe ser la adecuada para mí. Ni siquiera tengo que saber por qué no es la adecuada. Sencillamente confío en que Dios me protege de cualquier relación que no sea saludable o segura para mí.

Motivaciones

Cuando pensamos en establecer relaciones saludables, es importante considerar nuestras motivaciones. He mencionado las motivaciones brevemente en este libro, pero vamos a echarles un vistazo más detallado aquí. ¿Cuáles son sus motivaciones para las relaciones que busca? ¿Son para ser una bendición para otras personas, o para conseguir algo de ellas? ¿O su motivación es encontrar a alguien que supla sus necesidades o de algún modo sirva como una garantía contra el rechazo? ¿Podría ser su motivación la manipulación para conseguir algo, una oportunidad o ventaja que quizá no debería tener?

Cuando yo era más joven y tenía menos experiencia, decidía de quién quería ser amiga, y a menudo mis motivaciones no eran correctas. Tal vez esas personas eran parte del grupo «popular», y yo quería estar en ese grupo. Quizá los veía como importantes y pensaba que yo sería más importante si eran amigas mías. Cuando conseguía tener esas relaciones, siempre terminaban con una gran dosis de dolor para mí. A través de esas situaciones, Dios me enseñó a orar pidiendo relaciones divinas y no escoger a las personas basado en lo que pudieran hacer por mí. Ahora no me esfuerzo intentando forzar relaciones con ciertas personas; oro y dejo que se produzcan de manera natural si son las adecuadas para mí.

Si espera demasiado de una relación, apartará a las personas de usted y se decepcionará. Si se preocupa más de agradar a las personas que de hacer lo correcto, no podrá sostener eso a largo plazo. Si está buscando suplir una necesidad que solo Dios puede llenar, otras personas no la suplirán, y usted se seguirá sintiendo vacío incluso en su relación con ellos. Y, si elige malas relaciones porque son familiares para usted o no siente que se merezca otras mejores, están destinadas a herirle.

Cuando tengo buenas relaciones que son saludables para mí, me esfuerzo por mantenerlas. Pasar tiempo con sus amigos alimentará la relación, y estar disponible para ellos cuando estén heridos o tengan alguna necesidad es muy importante. Todos, aparentemente, están «ocupados» hoy en día, y debido a esta realidad, a menudo dejamos que el tiempo con amigos caiga hasta lo último de nuestra lista, si es que llega a estar en la lista. Todo se muere si no recibe alimento, incluyendo las relaciones.

Hay muchos versículos bíblicos que nos enseñan a aceptar y amar a todas las personas al margen de quiénes sean, de su situación o trasfondo (Lucas 10:25-37; Romanos 2:11; Gálatas 3:28). No seremos el mejor amigo de todos, pero Dios nos manda que amemos a todos, incluso a nuestros enemigos (Mateo 5:44). Lo diré de nuevo: el amor no es lo que sentimos hacia una persona; es cómo la tratamos.

El amor no es cómo se siente por una persona, sino cómo la trata.

> «Por tanto, acéptense los unos a los otros, como también Cristo nos aceptó para la gloria de Dios».
>
> Romanos 15:7 NBLA

Deberíamos aceptar a todos y ser amables con ellos, y deberíamos intentar asegurarnos de no hacer que nadie se sienta rechazado, pero no es nuestra responsabilidad hacer que todos se sientan bien consigo mismos. Cada persona necesita encontrar su seguridad y valía en Cristo, no meramente en cómo otras personas les tratan.

Modelar o corregir a otros

En los primeros años de mi matrimonio con Dave, frecuentemente le expresaba mi infelicidad y le decía lo que él tenía que hacer para que yo estuviera contenta. Básicamente estaba poniendo leyes que esperaba que él siguiera, y eso nunca funciona. Dios me enseñó que no debía darle a Dave la responsabilidad de mi propio gozo. Esa responsabilidad era mía, y no suya.

Su gozo es responsabilidad de usted.

No encontrará a alguien que siempre haga lo que usted quiera y nunca le decepcione ni le hiera. Dave es un esposo maravilloso. Es fácil convivir con él, y me permite hacer lo que yo deseo e ir donde yo quiero. Raras veces me dice que no a algo; sin embargo, no suele comprar regalos, y dar y recibir regalos es uno de mis lenguajes del amor, es decir, una de las formas en las que yo expreso el amor y me siento amada por otros.

También me siento amada cuando las personas hacen actos de servicio para ayudarme. Dave es muy bueno con los actos de servicio. A veces me he enfocado en el hecho de que no me hace regalos y le he dicho lo mucho que me gustaría que lo hiciera. Aun así, no lo hace. Por supuesto, eso hiere mis sentimientos y a veces me hace enojar. Dave es una persona lógica, y dice: «Te compraré lo que tú quieras y te llevaré para que tú misma lo elijas. Pero cuando yo compro cosas siempre me las devuelves, así que prefiero no malgastar mi tiempo».

La lógica de Dave es adecuada, pero la lógica no suele suavizar los sentimientos heridos de una persona. A menudo devuelvo cosas que me regala, pero quiero saber que pasó tiempo al menos intentando comprarme algo. Al mismo tiempo, he aprendido que puedo ahorrarme mucho malestar si me enfoco en sus puntos buenos, ¡que superan con creces a los malos!

Quiero decir que, en mi cumpleaños más reciente, Dave llamó a la mujer a la que más ropa le compro y le dijo que escogiera cinco modelos completos, incluyendo la joyería, y fue a recogerlos. Estaban muy bien envueltos y eran perfectos porque escogió a la persona correcta para que los eligiera. Eso me hizo muy feliz, porque me sorprendió con esos regalos. (Él bromea diciendo que, como eran cinco regalos, cuentan para cinco años☺).

La mayoría de nosotros tendemos a enfocarnos en una o dos cosas que hacen las personas que no nos gustan, y no prestamos atención a todas las cosas que hacen que sí nos gustan. Prefiero que Dave no me compre regalos y me deje hacer lo que hago en lugar de que me compre regalos, pero no me dé libertad para hacer cosas que deseo hacer.

No me acordaría de todas las veces que he intentado «corregir» a Dave por no comprarme regalos. Me defendía e intentaba cambiarlo, pero eso nunca funcionó. He decidido disfrutar del hombre que Dios me ha dado y dejar de intentar cambiarlo convirtiéndole en otra persona. La sorpresa del cumpleaños fue magnífica, pero no comenzaré a esperar que ocurra todas las veces. Disfrutaré de lo que Dave hace y no me sentiré rechazada si nunca me hace otro regalo. A fin de cuentas, ¡me dice que él es mi mejor regalo!

Rechazo y comunicación

La comunicación es una parte esencial de las relaciones. El rechazo pone un filtro negativo en el modo en que recibimos la comunicación de otros. Por muchos años, Dave y yo tuvimos muchas dificultades para comunicarnos. Comenzábamos a conversar acerca de algo y terminábamos discutiendo, y yo no podía entender cómo pasamos de donde estábamos a la discusión. Dave finalmente me dijo que sentía que la única forma en la que podía comunicarse conmigo era estando de acuerdo con todo lo que yo decía.

Al orar por esta situación, Dios me mostró que, si Dave no estaba de acuerdo con mi opinión, yo sentía que me estaba rechazando. Tuve que aprender que, solo porque alguien rechace mi *opinión*, no significaba que me estuviera rechazando a *mí*. Todos necesitamos la libertad de compartir nuestra opinión de forma sincera cuando alguien nos la pide. Darme cuenta de esto fue un avance para mí, y quizá sea un avance para usted también. Todos tenemos opiniones, pero no son quienes somos nosotros; son simplemente perspectivas que tenemos y, por lo general, damos con demasiada libertad. Los padres de hijos adultos deben tener cuidado en esta área. Solo den consejos y opiniones cuando se las pidan. O si siente que debe compartirlas, no se ofenda ni se sienta rechazado si su opinión o consejo no es bien recibido.

La única manera en la que dos personas pueden disfrutar de una relación saludable es comunicándose sinceramente, y la única forma de poder hacerlo es si ambos están seguros en quiénes son y en cómo Dios los ha hecho. Sea lo suficientemente seguro para dejar que la gente sea sincera

Sea lo suficientemente seguro para dejar que la gente sea sincera con usted.

con usted. Quizá no tengan la razón en lo que están diciendo, pero al menos ore al respecto y después entréguele ese asunto a Dios.

El juego de la culpa

La humildad es vital en las relaciones, y es probablemente la virtud más difícil de desarrollar y mantener. Cuando nos han herido, es fácil culpar de nuestro dolor a las personas con las que tenemos relación. Por lo general, somos demasiado orgullosos para admitir que podríamos estar equivocados. El pecado de Satanás fue el orgullo (Isaías 14:12-14; Ezequiel 28:17), y él nos ataca a todos con el orgullo. Las personas que están arraigadas en el rechazo a menudo usan el orgullo como una cubierta para la culpa que sienten. Por ejemplo, durante años, mi temor al rechazo me impedía pedir ayuda. Hacía eso porque sabía que no me podían rechazar si no le pedía nada a nadie. Por lo tanto, siempre intentaba hacerlo todo yo misma para no tener que depender de nadie, y eso es orgullo.

La humildad puede hablar de sus debilidades y admitirlas, pero el orgullo debe ser fuerte en todas las áreas. Si la persona orgullosa no es fuerte, pone excusas para ello, lo niega, o culpa a otro de ello. Una relación saldable no puede desarrollarse en un entorno así.

Yo soy fuerte y tengo mucha resistencia. Creo que Dios

me fortaleció al soportar el abuso y otras situaciones difíciles, pero nadie es fuerte en todas las áreas, todo el tiempo. Por mucho tiempo era importante para mí que nunca me vieran como alguien débil. Mi mamá era una persona débil, y su debilidad de carácter e incapacidad para confrontar a mi padre causó gran parte de mi dolor. Yo odiaba la debilidad; pero aprendí a ser vulnerable. Daba miedo, pero di pasos de fe en esa dirección, pasitos de bebé al principio. Ahora hablo de mis debilidades abiertamente y pido ayuda a menudo.

Admitiré también que me molestaban las personas débiles. Los que se quejaban de las más pequeñas inconveniencias y tenían miedo de probar cosas nuevas me molestaban. Pero, como mencioné antes en este capítulo, la Palabra de Dios nos dice que soportemos las debilidades de los débiles (Romanos 15:1). Para todo lo que hacemos de forma incorrecta, Dios tiene un versículo que nos ayudará a cambiar si dejamos que actúe en nuestra vida. Que no me molestaran las personas que yo veía como débiles me tomó tiempo, porque primero tuve que estar dispuesta a cambiar mi actitud hacia ellas, y darme cuenta de que también yo tenía debilidades me ayudó a hacerlo. La buena noticia es que el Espíritu Santo nunca se rinde trabajando con nosotros y ayudándonos a convertirnos en la persona que Dios siempre quiso que fuéramos. Él nunca se rindió conmigo, y nunca se rendirá con usted.

El Espíritu Santo nunca se rinde.

Cómo encontrar balance

Como sucede con todo en la vida, el balance es clave a la hora de establecer relaciones saludables. Cuando le hicieron daño, usted quizá aprendió a esperar menos de sus relaciones, o a demandar más. Quizá aleja a las personas para evitar el rechazo, o se aferra a ellas demasiado. Ninguna de estas estrategias funciona, pero no tiene que quedarse atascado en patrones que siguen produciéndole más rechazo. Quizá necesite tiempo y mucha oración, pero es emocionante pensar que puede disfrutar de relaciones saludables y felices. Dios puede darle conexiones divinas y enseñarle maneras nuevas de interactuar con otros. Fue creado para disfrutar de relaciones que enriquezcan su vida y las vidas de otros.

Acérquese más

1. ¿Cuáles son algunas de las razones por las que quizá no sea capaz de desarrollar relaciones estrechas con ciertas personas?

   ____

   ____

2. De los cuatro tipos de personalidad descritos en este capítulo, ¿cuál es el que mejor se acerca a su personalidad? ¿Cómo puede ayudarle a formar buenas relaciones el hecho de entender los tipos de personalidad?

   ____

   ____

3. ¿Alguna vez le atribuye la responsabilidad de su felicidad y gozo a otras personas? ¿Qué pasos positivos puede dar para avanzar hacia la meta de tener relaciones saludables que sean beneficiosas tanto para usted como para la otra persona?

 ____

 ____

4. ¿Cuál es su mayor desafío a la hora de formar relaciones saludables? Marque todas las que sean aplicables y añada otras que se le ocurran:
   - Me cuesta ser sincero.
   - Me pongo a la defensiva o discuto.
   - Evito el enojo y la confrontación.
   - Elijo personas poco saludables o que no encajan bien conmigo.
   - Espero demasiado de las personas.
   - Alejo a las personas.
   - Otro:

 ____

 ____

5. ¿Cuáles son sus motivaciones para las relaciones que busca?

 ____

 ____

6. Ore ahora para que Dios le traiga las personas y relaciones que Él quiera para usted.

 ____

 ____

CAPÍTULO 17

Cinco decisiones que producen esperanza y sanidad

Ginger

He puesto ante ti la vida y la muerte, la bendición y la maldición. Escoge, pues, la vida para que vivas, tú y tu descendencia, amando al Señor tu Dios, escuchando su voz y allegándote a Él.

Deuteronomio 30:19-20 NBLA

¿Qué ocurre ahora? Bueno, aquí es donde llega la hora de la verdad. Esto es una batalla, y usted debe luchar con todo lo que tenga consigo y todo lo que Dios le da. El cambio llega con decisión y determinación. Tiene decisiones vitales y poderosas que tomar, decisiones con gran potencial para cambiar su vida o para dejarle estancado en un ciclo de dolor.

Puede que también esté experimentando decisiones excepcionalmente difíciles. Con respecto a una relación que tenga ahora, quizá se está preguntando:

- *¿Qué hago ahora?*
- *¿La mantengo o la dejo?*
- *¿Debería luchar por esta relación?*
- *¿Está dispuesta la otra persona a luchar también por esta relación?*

Le insto a que se haga las preguntas. Lidie con las emociones. No las entierre o las niegue. Pida ayuda si lo necesita; no pasa absolutamente nada por hacerlo. Y preséntele todo a Dios, de manera completa y honesta: el temor, la decepción, el enojo, la confusión, todo. Pídale ese consuelo, dirección y sanidad que solo Él puede dar. Si está en este lugar, está en una encrucijada, y las decisiones que tome son pasos importantes hacia la sanidad que Dios quiere producir en usted.

Veamos cinco decisiones importantes que creo le harán avanzar por su viaje de sanidad, esperanza, y desarrollo de relaciones en el futuro:

1. Elegir la fe antes que los sentimientos.
2. Decidir arriesgarse a amar a otros.
3. Decidir perdonar.
4. Decidir estar agradecido.
5. Decidir rendirse.

Elegir la fe antes que los sentimientos

Siga escogiendo la verdad antes que las mentiras y la fe antes que los sentimientos. Examine sus sentimientos y pregúntese de dónde vienen. Nuestros sentimientos importan, pero no podemos permitir que nos controlen. *Sentirse* rechazado no siempre es lo mismo que *ser* rechazado. La decisión a veces es nuestra. Podemos decidir rechazar el rechazo que está llamando a nuestra puerta, verlo de forma distinta. Otras veces, el rechazo puede quedar estampado en sus papeles: *Rechazado*. No se confunda; está claro como el día.

> *Sentirse rechazado no debería significar* vivir *rechazado.*

Incluso cuando hemos sido rechazados, seguimos teniendo la opción de cómo responder a ello. Sentirse rechazado no debería significar *vivir* rechazado. No es el sentimiento lo importante; es lo que usted decide hacer con los sentimientos.

¿Habitará en ellos, se asentará en ellos y se verá a usted mismo a través de esas lentes? ¿O lidiará con ellos y continuará?

¿Alguna vez tiene alguna canción molesta atascada en la cabeza? Una manera excelente de deshacerse de ella es pensar en una canción distinta que le guste. Del mismo modo, cuando el rechazo, el dolor y el desánimo se atascan en su cabeza, reemplácelos por la verdad de la aceptación completa de Dios. Escoja la fe incluso cuando los sentimientos sean contrarios. Y sí, Dios le ayudará. Su Palabra dice que usted puede hacerlo:

> «Este mandamiento que yo te ordeno hoy no es muy difícil para ti, ni está fuera de tu alcance... Pues la palabra está muy cerca de ti, en tu boca y en tu corazón, para que la guardes».
>
> Deuteronomio 30:11, 14

Continúe creyendo la Palabra de Dios porque eso edificará y fortalecerá su fe. Cuando lleguen los sentimientos de rechazo, recuerde Isaías 49:16, que enseña que Dios nos tiene grabados en la palma de su mano. Decida creer esta verdad en lugar de quedarse en el hecho de que se siente rechazado. Cuando sienta miedo, luche contra él con Isaías 41:10, que dice: «No temas, porque yo estoy contigo; No te desalientes, porque Yo soy tu Dios. Te fortaleceré, ciertamente te ayudaré, sí, te sostendré con la diestra de mi justicia». Si se cuelan sentimientos de desesperanza, avive su esperanza con Romanos 15:13, que dice: «Y el Dios de la esperanza los llene de todo gozo y paz en el creer, para que abunden en esperanza por el poder del Espíritu Santo».

Elegir la fe en lugar de los sentimientos, la confianza en lugar del temor, y la esperanza en lugar de la desesperanza no son decisiones que se toman una sola vez. Debe elegirlo una y otra vez, día a día. Finalmente, estas decisiones comienzan a llegar de forma más natural. Cuando se quiera dar cuenta, serán algo más que decisiones; se convertirán en parte de quién es usted. Y Dios siempre estará con usted en medio de estas batallas.

Decidir arriesgarse a amar a otros

Mi perro Winston, un pequeño shichón desaliñado que parece un osito de peluche desgastado, me ama. Me refiero a que *realmente* me ama. No quiere solo acurrucarse a mi lado, dar largos paseos conmigo y disfrutar de momentos sin interrupción de contacto visual directo; me sigue a todas partes. No puedo ir ni siquiera al baño sin él. Estoy intentando hacer lo que tengo que hacer, y ahí está con sus grandes ojitos color café mirándome adorablemente. Me saluda con emoción cada vez que entro por la puerta, aunque solo haya salido un momento o, Dios no lo quiera, me haya ido a revisar el buzón sin él. Aunque a veces preferiría un poco menos de devoción y un poco más de privacidad. Con Winston soy profundamente amada y no tengo riesgo alguno de rechazo.

Los perros son maravillosos, pero las relaciones con las

personas no están hechas para ser como las relaciones con los perros; las personas tienen más riesgos que los cachorros. Tenemos defectos. Venimos con opiniones, heridas y necesidades. No es saludable una atención total, obediencia firme, y respuestas exageradas de alegría de nuestros amigos los humanos en cada interacción. Necesitamos un amor que se dé libremente y que sea imperfecto en su belleza. Esto significa que se cometerán errores, y que a veces sentiremos el aguijón del rechazo. Pero Dios nos hizo para el gozo y el dolor de relaciones con personas imperfectas.

Dios nos hizo para el gozo y el dolor de relaciones con personas imperfectas.

La única manera de poder amar a otros después de haber sido herido o rechazado es abrazar el riesgo. Cuando usted invierte en una relación, no hay garantías. No importa si es un amigo, un familiar o un interés romántico, todos tienen libre albedrío. Todos tienen sus propios problemas. Todos fallan: ellos fallan, yo fallo, y usted también.

Algunas relaciones son unilaterales. Las relaciones saludables no lo son. Sí, hay etapas en las que sembramos en personas y recibimos poco o nada de ellas a cambio, cuando invertimos en las personas por amor y sin expectativa alguna. Cuando llega el momento y usted sabe que se ha terminado la gracia, quizá sea el momento para que ellos se ayuden a sí mismos y para que usted se enfoque en otro lugar. Puede que a ellos no les guste cuando usted cambie su enfoque de la relación. Quizá le traten mal y sin gratitud. El rechazo que experimentará en una situación así duele, pero recuerde quién es usted y ámelos mientras avanza. A algunas personas hay que amarlas desde la distancia.

Amar a otros es arriesgado, pero no amar es insoportable.

Cuando se trata de relaciones, usted no será del agrado de todos. No a todos les gustará lo que usted haga. Quizá hablen de usted de forma negativa y le rechacen; pero, sin riesgo, nuestra vida es estática y sin crecimiento ni gozo. Amar a otros es arriesgado; no amar es insoportable.

Decidir perdonar

No sé cómo enfatizar más la importancia del perdón en su viaje de sanidad del rechazo. De hecho, la sanidad es imposible cuando usted está nutriendo el rencor, porque éste mantendrá el rechazo activo y eternamente vivo. Recuerde que luchamos contra las mentiras del rechazo, no contra la persona o fuente de ese rechazo. La relación en cuestión quizá se restaure o quizá sea una causa perdida, pero sea como fuere, podemos perdonar. El perdón es una de las mejores maneras de rechazar las mentiras que el enemigo nos susurra y rehusar permitirle reclamar más territorio en nuestra vida.

> «Entonces, ustedes como escogidos de Dios, santos y amados, revístanse de tierna compasión,

> bondad, humildad, mansedumbre y paciencia; soportándose unos a otros y perdonándose unos a otros, si alguien tiene queja contra otro. Como Cristo los perdonó, así también háganlo ustedes. Sobre todas estas cosas, vístanse de amor, que es el vínculo de la unidad».
>
> Colosenses 3:12-14 NBLA

> No digas: «Yo pagaré mal por mal»; Espera en el Señor, y Él te salvará.
>
> Proverbios 20:22 NBLA

Es imposible estar amargado y contento a la vez. Decidir perdonar abrirá el camino para avanzar hacia adelante lleno de la esperanza que Jesús anhela darle. Le liberará.

Decidir perdonar suele ser difícil, pero es necesario para experimentar libertad y sanidad. Conozco a alguien que sabía que tenía que perdonar a una amiga por una profunda herida. Batallaba para hacerlo hasta, que un día, se encontró a sí misma diciendo: «Señor, decido perdonar a mi amiga, y te pido que la bendigas» mientras manejaba pasando junto a una señal en la carretera de camino al trabajo. Ese día decidió verbalizar su perdón cada día al ver ese letrero al manejar hacia el trabajo. El proceso duró varias semanas, pero fue capaz de perdonar a su amiga, y hoy su amistad es más fuerte que nunca. El perdón hizo una obra tan completa que, cuando le pregunté qué fue lo que le causó tanto dolor a mi amiga, ni siquiera lo recordaba.

Decidir estar agradecido

Estoy escribiendo estas palabras en un día de playa perfecto. Tim y yo estamos disfrutando un tiempo a solas. Mientras veo las olas rodando amablemente una y otra vez y disfruto de la brisa del mar que acaricia mi cara, me siento llena de gratitud.

Hemos pasado horas juntos caminando por la playa, absortos en los amaneceres y disfrutando de las horas doradas del atardecer. Entre medias, no puedo evitar ver lo bien que le queda a él su alado sombrero playero. Él lo llama su «sombrero tonto», lo cual me parece chistoso y sinceramente apropiado. También soy muy consciente de que, si los dos hubiéramos tomado otras decisiones, puede que no hubiéramos tenido este buen tiempo.

Al mirar las aguas calmadas, recuerdo las olas de impacto y dolor que me revolcaban sin cesar. Estoy agradecida de que Tim hiciera lo que tenía que hacer para liberarse de todo lo que le retenía, y que luchara por su libertad y escogiera a Cristo por encima de cualquier otra cosa. Estoy agradecida de que Dios sanara mi corazón roto y me ayudara a perdonar y a volver a confiar. Ahora me aferro al ancla de esperanza que es Cristo, que me mantiene en mi lugar cuando se levanta la tormenta y las olas amenazan de nuevo.

> «Tenemos como ancla del alma, una esperanza segura y firme».
>
> Hebreos 6:19 NBLA

«Entonces ya no seremos niños, sacudidos por las olas y llevados de aquí para allá...».

Efesios 4:14 NBLA

A medida que maduramos en Cristo, aprendemos cuán fiel es Dios. Sus promesas son verdad, y estoy agradecida por tantas cosas que Él ha hecho y me ha enseñado. Cuando nuestra vida rebosa de gratitud, hay menos lugar para que las mentiras del enemigo encuentren un lugar donde posarse. Mi corazón está lleno. Estoy agradecida por la vida que Tim y yo tenemos ahora, por lo que ambos hemos luchado. No lo daré por sentado ni un solo minuto.

Las promesas de Dios son verdad.

«Y den gracias por todo a Dios el Padre en el nombre de nuestro Señor Jesucristo».

Efesios 5:20 NTV

Encuentre eso por lo que está agradecido y aférrese a ello, ya sea un corazón que está sanando, nuevas lecciones que ha aprendido, o esperanza para los días venideros. Permita que la gratitud por lo que Dios ha hecho reemplace cualquier lamento, y esté agradecido por todo lo que Dios está haciendo para llenar el vacío del rechazo. Escoja la gratitud y compártala con su Padre. Realmente cambia su corazón, incluso cuando los tiempos son difíciles; o mejor dicho, *especialmente* cuando los tiempos son difíciles. Dígale a Dios:

- «Gracias por lo que estás haciendo en mí, aunque aún me queda mucho».
- «Gracias por este día, aunque no sea el día ideal».
- «Gracias por este momento, a pesar de lo imperfecto que sea».
- «Gracias por tu amor, el cual nunca me rechazará».

Decidir rendirse

Creo que la decisión más poderosa que podemos tomar es rendirnos por completo a Dios. Muchas de nuestras decisiones y elecciones tienen más sentido cuando soltamos todo en sus manos. Si nunca ha entregado su vida a Jesús, comience por ahí. Dígale que necesita un Salvador que le acepte por completo. Pídale perdón por sus pecados y confiésele como Señor de su vida. Rinda su dolor y su incertidumbre.

¿Se puede rendir al Dios que está obrando a favor suyo incluso cuando usted no lo ve obrar o no entiende sus caminos? Incluso los cristianos maduros que conocen la Palabra y aman a Jesús con todo su corazón enfrentan decepciones. La verdadera rendición proviene de una decisión de confiar incluso ahí. Él no le fallará.

Pablo dice en Efesios 4:22-24 que se desvista de su

viejo hombre, que deje los viejos hábitos y mecanismos de defensa para alcanzar algo mejor. Dice que debemos rendir nuestras actitudes y la manera en que antes pensábamos:

> «que en cuanto a la anterior manera de vivir, ustedes se despojen del viejo hombre, que se corrompe según los deseos engañosos, y que sean renovados en el espíritu de su mente, y se vistan del nuevo hombre, el cual, en la semejanza de Dios, ha sido creado en la justicia y santidad de la verdad».

Usted es una nueva creación muy hermosa. Cuando nos rendimos a una manera mejor y decidimos hacer lo dice la Palabra, encontramos bendición y libertad.

> «Pero el que mira atentamente a la ley perfecta, la ley de la libertad, y permanece en ella, no habiéndose vuelto un oidor olvidadizo sino un hacedor eficaz, este será bienaventurado en lo que hace».
>
> Santiago 1:25 NBLA

Es el momento de entregarle todo a Dios. Considere ofrecerle esta oración con todo su corazón en este momento:

> Señor, rindo mi vida a ti, junto con las mentiras a las que me he aferrado. Te entrego el rechazo con el que estoy lidiando para que lo uses para tu gloria y mi bien. Por favor, llévate las cosas a las que

me he aferrado en mi enojo y rencor. Perdóname, y ayúdame a perdonar a otros. Te entrego mi inseguridad y mis heridas, y te pido que me sanes. Te rindo mi orgullo y entrego la forma en que pensaba que sería mi vida, a cambio de algo mejor en tus manos. Te amo y decido hoy entregarte todo.

Con todo mi corazón, le animo a rendir a Jesús su rechazo, su dolor, su orgullo, su vida. No lamentará haberlo hecho.

Dese tiempo

Si el rechazo con el que está lidiando actualmente ocurrió hace poco tiempo, dese tiempo para superar el impacto. Tal vez hoy no sea el día para tomar decisiones que cambien su vida, pero sí puede ser un día para una pequeña decisión saludable, como alguna de las mencionadas en este capítulo. Incluso si la herida del rechazo está fresca, todavía puede elegir la fe en lugar de los sentimientos o puede decidir rendirse. Usted tiene la capacidad de elegir ahora qué decisión o decisiones tomar, y le animo a dar solo un pequeño paso hacia la salud y la sanidad.

A quienes han pasado por lo mismo que yo, o que quizá han conocido el dolor de que alguien les haya herido de manera similar, si ha enfrentado abuso o ha soportado una relación poco saludable, la cantidad de decisiones que debe tomar puede abrumar su mente. No intente abordarlas todas de una vez. Las respuestas se vuelven más claras a medida que las enfrenta una por una. Permítase tener gracia. Está atravesando un momento increíblemente difícil.

Cuando descubrí lo que Tim había estado haciendo, recuerdo haberme sentido profundamente herida y preguntarle a Dios qué decisión debía tomar: ¿quedarme con mi esposo o dejarlo? Quedarse era arriesgado; fue difícil. En situaciones como esta, todas las opciones son complicadas. No hay garantías del cien por ciento. Para Tim y para mí hubo consideraciones importantes, como establecer reglas claras, instalar filtros de contenido en los dispositivos, establecer mecanismos de rendición de cuentas, y tener que pasar por muchas conversaciones largas y difíciles.

Nuestro camino estuvo lejos de ser perfecto. La ruta en una situación como esta está llena de peligros, retrocesos y desvíos. Tim y yo estuvimos comprometidos y luchamos con esfuerzo, pero soy muy consciente de que no siempre funciona para todos como funcionó para nosotros. Conozco a muchas personas cuyos cónyuges no tomaron decisiones difíciles, y sus relaciones no sobrevivieron. De hecho, una amiga que vivió una situación similar con su esposo y que me ayudó en mi momento más terrible, finalmente perdió su matrimonio. Pero hoy, ella y muchas otras personas que conozco están sanas y completas. Con el tiempo y con la ayuda de Dios, están más felices de lo que jamás pensaron que podrían estar. Si usted se encuentra recorriendo este camino sin su cónyuge, ¡no está solo o sola! Dios nunca, *nunca* le rechazará.

¿Quién decide ser?

Recuerdo estar batallando con la decisión de quedarme en mi matrimonio porque me parecía una debilidad hacerlo. Pensaba: *No quiero ser esa mujer que tolera estas cosas*. Pero no importa lo que piensen los demás; solo podía decidir lo que haría y quién quería ser. No estaba tolerando nada; estaba decidiendo luchar por nuestro matrimonio: para que sanara, y para llegar a ser más de lo que Dios quería para empezar, para que yo amara y fuera amada como Cristo ama a la iglesia (Efesios 5:25). No estaba pidiendo perfección, pero tampoco me conformaría. Lo que decidí requería valor y fortaleza. Ya fuera que nuestra relación sobreviviera o no, decidí creer lo que Dios dice que soy, al margen de cuán rechazada me sentía, porque en Él era querida y adorada.

Cuando se trata de quién quiere ser usted, ¿qué decisiones tomará? Al margen de la aflicción o el tipo de rechazo que sufra, las promesas de Dios son verdad. Primera de Corintios 1:9 nos asegura: «Fiel es Dios (confiable, fiable, y por lo tanto siempre veraz a su promesa, y se puede depender de Él); por medio de Él fueron llamados a la comunión y participación con su Hijo Jesucristo, nuestro Señor» (AMPC, traducción libre). Pero recuerde que debe decidir caminar en las promesas de Dios. No permita que esa pequeña palabra *pero* le sabotee.

- «Sé lo que dice la Palabra de Dios, *pero*...».
- «Podría superar esto, *pero*...».

- «Les perdonaría, *pero*...».
- «Sería feliz, *pero*...».

Diga mejor: *«¡Pero Dios!»*. Con su ayuda, puede superar todos los pensamientos negativos y cuestionadores. Con Él, puede decir: «Soy hijo del Rey». Puede proclamar: «Estoy completo en Cristo, con o sin la aceptación de los demás, con o sin esta relación. Tengo su paz. Soy perdonado. Estoy seguro por lo que Él dice que soy». Conozca las promesas de Dios y decida mantenerse firme.

Acérquese más

1. ¿Dónde se encuentra usted en su proceso de sanidad en su batalla contra el rechazo? ¿Dónde le gustaría estar?

   ____

   ____

2. Debajo encontrará los asuntos con los que tenemos que lidiar para vencer el rechazo. Seleccione uno o dos para trabajar en ellos, y pídale al Señor que le ayude:
   - Elegir la fe antes que los sentimientos

     ____

     ____

   - Creer lo que Dios dice que soy

     ____

     ____

   - Confiar en Dios para abrazar el riesgo

- Decidir perdonar

- Elegir ser agradecido

- Elegir rendirme a Dios

---

3. Lea Efesios 4:22-24. ¿Qué partes de su viejo hombre tiene que dejar de lado? ¿Qué pasos puede dar para vestirse del nuevo hombre?

---

4. ¿Cómo le animan a creer que Dios le ayudará a tomar las decisiones correctas al tratar con el rechazo versículos como Deuteronomio 30:11, 14 y 1 Corintios 1:9?

---

5. Escriba algunos versículos adicionales que le ayuden a poner en práctica sus compromisos. Los puede encontrar en las páginas de este libro, en el internet o en una concordancia. Mantenga estos versículos cerca e incluso léalos en voz alta para animar su fe.

---

6. ¿Está listo para rendir su rechazo, su dolor, su orgullo y su vida a Jesús?

____

____

____

CONCLUSIÓN

Joyce y Ginger

Con amor eterno te he amado, por eso te he sacado con misericordia.

Jeremías 31:3 NBLA

¿Cómo debería verse su sanidad tras el rechazo? Cuando Jesús sanaba a las personas en la Biblia, no siempre lo hacía de la misma manera. Por algunas oró, a otras las tocó, y a otras les dio instrucciones para que hicieran algo. Su experiencia no será exactamente como la de nadie más; su sanidad es un regalo diseñado para usted. Primera de Pedro 5:10 dice que Dios mismo le «perfeccionará, afirmará, fortalecerá, *y* establecerá». Dios le dará todo lo que necesita.

Quizá se esté preguntando:

- *¿Realmente puedo ser sanado?*
- *¿Puedo confiar en lo que dice la Escritura?*
- *¿Es Dios verdaderamente fiel?*
- *¿El hecho de que no me rechazará será suficiente para llevarme hacia adelante?*

Estas son preguntas sinceras, y está bien hacerlas. Muchas respuestas llegarán con el tiempo y la experiencia con Dios. Él es el único que puede sanar nuestras heridas. Dios ha demostrado ser fiel en nuestras vidas y en las de muchísimas personas más. Su amor *es* lo suficientemente grande como para sanarle.

Lo que hemos tratado en este libro no es algo fácil. Hemos vivido el dolor que viene con el rechazo, así que no estamos sugiriendo versículos bíblicos sin pensar, solamente para consolarle. La Palabra de Dios es poderosa, pero cuando alguien está herido, repetir versículos fríamente no es la solución. Esa persona necesita compasión, amor y tiempo para que el Espíritu Santo obre. Jesús es mucho más que una «religión» o que simplemente cumplir con rituales. Él es el amor hecho carne y dado por nosotros; lo sacrificó todo para que podamos vivir en victoria más allá del rechazo o del quebranto.

La sanidad sí toma tiempo, así que por favor sea paciente consigo mismo y disfrute cada pequeña victoria que gane. Permítase experimentar la gracia y la misericordia que Dios le ofrece. No se rinda jamás. Estudie la Palabra de Dios y confíe en que Él aún no ha terminado con usted. El camino para salir del rechazo puede ser largo, pero es el camino hacia el gozo verdadero y la paz que sobrepasa todo entendimiento. Habrá intersecciones que cruzar y decisiones que tomar. Cuando comenzamos a ver la fidelidad de Dios, las promesas en la Biblia se vuelven reales y vivenciales. ¡Son vida!

Si pudiera preguntarle a personas de todas las épocas si el amor y la aceptación de Dios son lo suficientemente grandes como para cubrir el rechazo, innumerables individuos gritarían: «¡Sin duda, sí!». Aunque la aceptación de Dios es una verdad bien establecida para generaciones que la han experimentado, cada uno de nosotros debe responder estas preguntas por sí mismo:

- *¿Permitiré que la verdad de Dios sea verdad en mi vida?*
- *¿Abriré la puerta para que la aceptación de Dios haga su trabajo: ser más poderosa que el rechazo que siento?*
- *¿Permitiré que la verdad de la aceptación de Dios eche raíces profundas y dé fruto abundante en mi alma?*

Su historia no ha terminado. El rechazo es un capítulo (sí, uno doloroso), pero aún hay mucho más por escribir. Hay momentos en los que nos *sentimos* amados y aceptados, y todo parece cálido, acogedor y maravilloso. También hay momentos en los que no nos *sentimos* amados ni aceptados, y esos tiempos pueden ser fríos y duros. Cuando llegan experiencias y sentimientos difíciles, los enfrentamos y volvemos a enfocarnos en lo que sabemos que es verdad. Recordamos que somos amados y aceptados incondicionalmente, y que no hay ni un solo momento en el que no lo seamos.

No podemos prometerle que nunca volverá a experimentar el rechazo, pero sí podemos prometerle que nunca vendrá de parte de Dios. Sí, nuestras vidas están moldeadas por nuestras experiencias, por nuestras decisiones, y por lo que otras personas hacen. El rechazo de personas que debieron habernos amado mejor, o de quienes nunca debieron tener autoridad en nuestras vidas, tiene un impacto en nosotros, a veces de maneras significativas, pero ellos no tienen la última palabra y el enemigo tampoco. Su influencia se desvanecerá a medida que seamos hermosamente moldeados por las manos amorosas de Jesús. Dios está obrando. Él le sanará y le dará gracia ante las personas correctas. Un nuevo día está amaneciendo. Cosas buenas están en camino hacia usted en este mismo momento. Espérelas en cualquier instante. Dios está obrando con amor en usted y junto a usted. Él está escribiendo cuidadosamente a mano la historia de su vida, y es una historia de sanidad, fe y confianza: un relato de renovación, fortaleza y victoria.

LA LUCHA POR LOS RECHAZADOS

Joyce y Ginger

Y si te ofreces a ayudar al hambriento, y sacias el deseo del afligido, entonces surgirá tu luz en las tinieblas, y tu oscuridad será como el mediodía.

Isaías 58:10 NBLA

La sanidad a menudo llega cuando extendemos la mano para ayudar a alguien. Proverbios 31:8-9 NBLA nos dice: «Abre tu boca por los mudos, por los derechos de todos los desdichados. Abre tu boca, juzga con justicia, y defiende los derechos del afligido y del necesitado».

Hemos tenido el privilegio y el dolor de viajar por el mundo y presenciar de primera mano la difícil situación de demasiadas mujeres y niñas. El rechazo que enfrentan a nivel mundial es abominable. Muchas son completamente descartadas como personas, invisibilizadas e ignoradas, tratadas como menos que el ganado o como simples bienes. A otras se les dice abiertamente que no valen nada. Son usadas y abusadas. Son vendidas para generar ingresos para sus familias. En algunos lugares, las niñas son asesinadas simplemente porque se les considera sin valor. Hemos visto el daño horrible que provocan el tráfico humano y otras injusticias, como negar la educación a las niñas o forzarlas a matrimonios infantiles, no solo en las mujeres sino también en el precio que pagan sus familias, comunidades y culturas enteras.

Debido al abuso que yo (Joyce) sufrí, mi corazón se siente especialmente llamado a ayudar a otros que han pasado por lo mismo que yo. El proyecto GRL nació de esa pasión por que las mujeres de todo el mundo experimenten la sanidad que yo he experimentado y para ayudar a suplir sus necesidades físicas. A través de programas educativos, iniciativas de agua potable, esfuerzos contra la trata de personas, compartir la verdad de la Palabra de Dios e infundir valor, estamos viendo cambiar las vidas de mujeres y niñas cada día.

Una de las mejores maneras de honrar a Dios y hacerle frente al diablo por todo el daño que ha causado es extender el amor de Jesús a tantas personas como podamos. Dios dice por medio del profeta Isaías:

> «¿No es este el ayuno que yo escogí: Desatar las ligaduras de impiedad, soltar las coyundas del yugo, dejar ir libres a los oprimidos, y romper todo yugo? ¿No es para que compartas tu pan con el hambriento, y recibas en casa a los pobres sin

> hogar; para que cuando veas al desnudo lo cubras, y no te escondas de tu semejante? Entonces tu luz despuntará como la aurora, y tu recuperación brotará con rapidez. Delante de ti irá tu justicia; *Y* la gloria del Señor será tu retaguardia. Entonces invocarás, y el Señor responderá; Clamarás, y Él dirá: «Aquí estoy».
>
> Isaías 58:6-9 NBLA

Usted puede luchar por las personas rechazadas en todo el mundo y en los Estados Unidos a través del Proyecto GRL. Ayudar a otros que han pasado por lo mismo que usted es un modo de vencer el mal con el bien, y también contribuye a su propia sanidad:

Juntos, podemos lograr mucho más de lo que cualquiera de nosotros podría lograr por su cuenta. Es hora de que las niñas en todas partes sepan que tienen un valor inmenso, y de que su oscuridad brille como el mediodía. Usted puede marcar la diferencia. Por favor, visite ProjectGRL.org para ayudar hoy mismo.

¿Tiene una relación real con Jesús?

¡Dios le ama! Él la creó para que sea una persona especial, única, exclusiva, y Él tiene un propósito y un plan concretos para su vida. Y, mediante una relación personal con su Creador (Dios), puede descubrir un estilo de vida que le dará satisfacción verdadera a su alma.

No importa quién sea, lo que haya hecho o dónde se encuentre en la vida ahora mismo, el amor y la gracia de Dios son mayores que su pecado o sus errores. Jesús dio su vida voluntariamente para que usted pueda recibir perdón de Dios y tener una nueva vida en Él. Él está esperando a que lo invite a ser su Salvador y Señor.

Si está lista para entregar su vida a Jesús y seguirlo, lo único que tiene que hacer es pedirle que perdone sus pecados y le dé un nuevo comienzo en la vida, de la manera que Él tiene preparado para usted. Comience haciendo esta oración…

Señor Jesús, gracias por dar tu vida por mí y perdonar mis pecados para que pueda tener una relación personal contigo. Siento mucho los errores que he cometido, y sé que necesito que me ayudes a vivir rectamente.

Tu Palabra dice en Romanos 10:9 que "si confiesas con tu boca que Jesús es el Señor y crees en tu corazón que Dios lo levantó de entre los muertos, serás salvo". Creo que eres el Hijo de Dios y te confieso como mi Salvador y Señor. Tómame tal como soy, y trabaja en mi corazón, haciéndome la persona que quieres que sea. Quiero vivir para ti, Jesús, y estoy muy agradecida porque me estás dando un nuevo comienzo en mi nueva vida contigo hoy.

¡Te amo, Jesús!

¡Es maravilloso saber que Dios nos ama tanto! Él quiere tener una relación profunda e íntima con nosotros que crezca cada día al pasar tiempo con Él en oración y estudiando la Biblia. Y queremos animarle en su nueva vida en Cristo.

Por favor, visite https://tv.joycemeyer.org/espanol/como-conocer-jesus/, que es nuestro regalo para usted. También tenemos otros recursos en el Internet en español que la ayudarán a progresar en su búsqueda de todo lo que Dios tiene para usted.

¡Felicidades por su nuevo comienzo de vida en Cristo! Esperamos oír de usted pronto.

NOTAS

Las citas de la Escritura marcadas «NVI» son tomadas de la *Santa Biblia, Nueva Versión Internacional*®, NVI®, © 1999 por la Sociedad Bíblica Internacional. Usadas con permiso. Reservados todos los derechos.

Las citas de la Escritura marcadas «NTV» son tomadas de la *Santa Biblia, Nueva Traducción Viviente,* ntv, © 2008, 2009 Tyndale House Foundation. Usadas con permiso de Tyndale House Publishers, Inc., Wheaton, Illinois 60189. Todos los derechos reservados.

Las citas de la Escritura marcadas «NBLA» son tomadas de la *Nueva Biblia de las Américas*™ NBLA™ copyright © 2005 por The Lockman Foundation.

Las citas de la Escritura marcadas «MSG» son tomadas de la Biblia en inglés The Message, copyright © 1993, 1994, 1995, 1996, 2000, 2001, 2002. Usadas con permiso de NavPress Publishing Group. Todos los derechos reservados. *Traducción libre por Belmonte Traductores.*

Las citas de la Escritura marcadas «RVR1960» han sido tomadas de la *Santa Biblia, Versión Reina-Valera 1960*, RVR, © 1960 por las Sociedades Bíblicas en América Latina; © renovado 1988 por las Sociedades Bíblicas Unidas. Usadas con permiso.

1. «Children and Teens: Statistics», RAINN, https://rainn.org/statistics/children-and-teens.
2. «Youth Homelessness Overview». National Conference of State Legislatures, https://www.ncsl.org/human-services/youth-homelessness-overview.
3. «Reject», *American Heritage Dictionary of the English Language*, 5th ed. (Houghton Mifflin Harcourt, 2016).
4. «Reject», *Random House Webster's College Dictionary* (Random House, 2020).
5. «Reject», *Collins English Dictionary—Complete and Unabridged*, 12th ed. (HarperCollins, 2014).
6. «Reject», Merriam-Webster.com, https://www.merriam-webster.com/dictionary/reject.
7. «Delight», Merriam-Webster.com, https://www.merriam-webster.com/dictionary/delight.
8. Kirsten Weir, «The Pain of Social Rejection», *Monitor on Psychology*, 43, no. 4 (2012): 50, https://www.apa.org/monitor/2012/04/rejection.
9. Elitsa Dermendzhiyska, «Rejection Kills» Aeon, 30 de abril de 2019, https://aeon.co/essays/health-warning-social-rejection-doesnt-only-hurt-it-kills.
10. George M. Slavich, Baldwin M. Way, Naomi I. Eisenberger, and Shelley E. Taylor, «Neural Sensitivity to Social

Rejection Is Associated with Inflammatory Responses to Social Stress», *Proceedings of the National Academy of Sciences* 107, no. 33 (2010): 14817–14822, www.ncbi.nlm.nih.gov/pmc/articles/PMC2930449.

11. Weir, «The Pain of Social Rejection».
12. Eric Hickey, *Serial Murderers and Their Victims* (Wadsworth, 1997).
13. «Shame», APA Dictionary of Psychology, https://dictionary.apa.org/shame.
14. Henry Cloud, *Los 5 pilares de la confianza: aprende cuando otorgarla, cómo cultivarla y cómo restaurarla cuando se pierde* (Planeta Publishing, 2024), p. 90.
15. Beau Laviolette, «The 25% Rule: You Can't Please Everybody», TherapyTeacher.com, 5 de agosto de 2019, https://www.therapyteacher.com/blog/the-25-rule-you-can-t-please-everyone.
16. Sun Tzu, *El arte de la guerra* (Publicado independientemente, 2020).
17. «How Your Heart Works», British Heart Foundation, https://www.bhf.org.uk/informationsupport/how-a-healthy-heart-works.
18. «How Your Body Replaces Blood», NHS Blood and Transplant, https://www.blood.co.uk/the-donation-process/after-your-donation/how-your-body-replaces-blood.
19. Mark Fischetti and Jen Christiansen, «Our Bodies Replace Billions of Cells Every Day», *Scientific American*, 1 de abril de 2021, https://www.scientificamerican.com/article/our-bodies-replace-billions-of-cells-every-day.

20. «Amazing Heart Facts», *Nova*, https://www.pbs.org/wgbh/nova/heart/heartfacts.html.
21. «Lincoln's 'Failures'?», Abraham Lincoln Online, https://www.abrahamlincolnonline.org/lincoln/education/failures.htm.
22. «If You Believe in Yourself…», MotivateUs.com, https://motivateus.com/stories/famous-failures.htm.
23. «An Acting Class Refused a sixteen-year-old Lucille Ball and Said That She Had 'No Talent'», MeTV, 17 de septiembre de 2024, https://www.metv.com/stories/an-acting-class-refused-a-sixteen-year-old-lucille-ball-and-said-that-she-had-no-talent.
24. «Poetry», Emily Dickinson Museum, https://www.emilydickinsonmuseum.org/emily-dickinson/poetry.
25. «Harrison Ford Was Told He'd Never Be a Star», News24.com, 1 de diciembre de 2023, https://www.news24.com/you/archive/harrison-ford-was-told-hed-never-be-a-star-20170728-2.
26. «Walt Disney Quotes», BrainyQuote, https://www.brainyquote.com/quotes/walt_disney_130929.
27. Virgie Townsend, «Breaking the Abuse Cycle», *New York Times*, 15 de abril de 2019, https://www.nytimes.com/2019/04/15/well/family/breaking-the-abuse-cycle.html.
28. «Confidence», Merriam-Webster.com, https://www.merriam-webster.com/dictionary/confidence.
29. «Confident», Dictionary.com, https://www.dictionary.com/browse/confidence.
30. Lindsay Holmes, «Science Says You Can Really Only Have 5 Close Friends at a Time», *HuffPost*, 4 de mayo de 2016,

https://www.huffpost.com/entry/dunbar-layers-friendship-study_n_5728d4c5e4b016f37893ac14.

31. Isabel Goddard, «What Does Friendship Look Like in America?», Pew Research Center, 12 de octubre 2023, https://www.pewresearch.org/short-reads/2023/10/12/what-does-friendship-look-like-in-america.

Joyce Meyer es una de las principales maestras prácticas de la Biblia en el mundo y autora de éxitos de ventas del *New York Times.* Los libros de Joyce han ayudado a millones de personas a encontrar esperanza y restauración por medio de Jesucristo. Los programas de Joyce, *Disfrutando la vida diaria* y *Everyday Answers with Joyce Meyer,* se emiten a millones alrededor del mundo en 113 idiomas.

A través del ministerio Joyce Meyer Ministries, Joyce enseña internacionalmente sobre varios temas con un enfoque particular en cómo la Palabra de Dios se aplica a nuestra vida diaria. Su estilo de comunicación informal le permite compartir de manera abierta y práctica sobre sus experiencias para que otros puedan aplicar a sus vidas lo que ella ha aprendido.

Joyce ha escrito más de 150 libros, que han sido traducidos a más de 164 idiomas y sobre 42,5 millones de sus libros se han distribuido en todo el mundo. Entre sus éxitos de ventas están: *Pensamientos de poder*; *Mujer segura de sí misma*; *Luzca estupenda, siéntase fabulosa*; *Empezando tu día bien*; *Termina bien tu día*; *Adicción a la aprobación*; *Cómo oír a Dios*; *Belleza en lugar de cenizas*; y *El campo de batalla de la mente*.

La pasión de Joyce por ayudar a las personas que sufren es fundamental para la visión de Hand of Hope, el brazo misionero de Joyce Meyer Ministries. Cada año, Hand of Hope proporciona millones de comidas a personas hambrientas y desnutridas, instala pozos de agua potable en áreas pobres y remotas, brinda ayuda crítica después de desastres naturales, y ofrece atención médica y dental gratuita a miles a través de sus hospitales y clínicas en todo el mundo. A través del Proyecto GRL, mujeres y niños son rescatados de la trata de personas y se les brindan lugares seguros para recibir educación, comidas nutritivas y el amor de Dios.

Ginger Stache es productora de televisión, autora y directora creativa de Joyce Meyer Ministries, ganadora de un premio Emmy, y está a cargo de las áreas de medios del ministerio, incluyendo radiodifusión e impresión. Ha viajado por el mundo compartiendo historias de personas extraordinarias que han superado enormes desafíos y animando a otros a que puedan hacer lo mismo. Es esposa, madre y abuelita, roles que aprecia mucho. Ella y su esposo, Tim, viven en Misuri. Puede conectar con ella en Instagram y Facebook: @gingerlstache.

JOYCE MEYER MINISTRIES

DIRECCIONES DE LAS OFICINAS EN E.U.A. Y EL EXTRANJERO

Joyce Meyer Ministries
P.O. Box 655
Fenton, MO 63026 USA
(636) 349-0303

Joyce Meyer Ministries—Canadá
P.O. Box 7700
Vancouver, BC V6B 4E2
Canada
(800) 868-1002

Joyce Meyer Ministries—Australia
Locked Bag 77
Mansfield Delivery Centre
Queensland 4122
Australia
(07) 3349 1200

Joyce Meyer Ministries—Inglaterra
P.O. Box 8267
Reading RG6 9TX
United Kingdom
01753 831102

Joyce Meyer Ministries—África del Sur
Unit EB06, East Block
Tannery Park, 23 Belmont Road
Rondebosch, Cape Town
South Africa 7700
(27) 21-701-1056

Joyce Meyer Ministries—Francofonía
BP 53, 77832
Ozoir la Ferriere
France
+33 610 288 944

Joyce Meyer Ministries—Alemania
Bachstr. 1
22083 Hamburg
Germany
+49 (0)40 / 88 88 4 11 11

Joyce Meyer Ministries—Países Bajos
P.O. Box 55, 7000 AB
Doetinchem
The Netherlands
+31 657 555 9789

Joyce Meyer Ministries—Rusia
P.O. Box 789
Moscow 101000
Russia
+7 (985) 233-56-30

OTROS LIBROS DE JOYCE MEYER

100 Inspirational Quotes
100 Ways to Simplify Your Life
21 Ways to Finding Peace and Happiness
The Answer to Anxiety
Any Minute
Approval Addiction
The Approval Fix
*Authentically, Uniquely You**
The Battle Belongs to the Lord
*Battlefield of the Mind**
Battlefield of the Mind Bible
Battlefield of the Mind for Kids
Battlefield of the Mind for Teens
Battlefield of the Mind Devotional
Battlefield of the Mind New Testament
*Be Anxious for Nothing**
Beauty for Ashes
Being the Person God Made You to Be
Be Joyful
Blessed in the Mess
Change Your Words, Change Your Life
Colossians: A Biblical Study
The Confident Mom
The Confident Woman
The Confident Woman Devotional
*Do It Afraid**
Do Yourself a Favor... Forgive
Eat the Cookie... Buy the Shoes
Eight Ways to Keep the Devil Under Your Feet
Ending Your Day Right
Enjoying Where You Are on the Way to Where You Are Going
Ephesians: A Biblical Study
The Everyday Life Bible
The Everyday Life Psalms and Proverbs
Filled with the Spirit
Galatians: A Biblical Study
Good Health, Good Life

Habits of a Godly Woman
*Healing the Soul of a Woman**
Healing the Soul of a Woman Devotional
Hearing from God Each Morning
How to Age without Getting Old
*How to Hear from God**
How to Succeed at Being Yourself
How to Talk with God
I Dare You
*If Not for the Grace of God**
In Pursuit of Peace
In Search of Wisdom
James: A Biblical Study
The Joy of Believing Prayer
Knowing God Intimately
A Leader in the Making
Life in the Word
Living Beyond Your Feelings
Living Courageously
Look Great, Feel Great
Love Out Loud
The Love Revolution
Loving People Who Are Hard to Love
Making Good Habits, Breaking Bad Habits
Making Marriage Work (previously published as Help Me—I'm Married!)
*Me and My Big Mouth!**
*The Mind Connection**
Never Give Up!
Never Lose Heart
New Day, New You
Overload
The Penny
*Perfect Love (previously published as God Is Not Mad at You)**
Philippians: A Biblical Study
The Power of Being Positive
The Power of Being Thankful
The Power of Determination
The Power of Forgiveness

The Power of Simple Prayer
The Power of Thank You
Power Thoughts
Power Thoughts Devotional
Powerful Thinking
Quiet Times with God Devotional
Reduce Me to Love
The Secret Power of Speaking God's Word
The Secrets of Spiritual Power
The Secret to True Happiness
Seven Things That Steal Your Joy
Start Your New Life Today
Starting Your Day Right
Straight Talk
Teenagers Are People Too!
Trusting God Day by Day
What About Me?
The Word, the Name, the Blood
Woman to Woman
You Can Begin Again
*Your Battles Belong to the Lord**

* Guía de estudio disponible para este título

Libros En Español Por Joyce Meyer

Auténtica y única (Authentically, Uniquely You)
Belleza en lugar de cenizas (Beauty for Ashes)
Bendición en el desorden (Blessed in the Mess)
Buena salud, buena vida (Good Health, Good Life)
Cambia tus palabras, cambia tu vida (Change Your Words, Change Your Life)
El campo de batalla de la mente (Battlefield of the Mind)
Cómo envejecer sin avejentarse (How to Age without Getting Old)
Cómo formar buenos hábitos y romper malos hábitos (Making Good Habits, Breaking Bad Habits)
La conexión de la mente (The Mind Connection)
Dios no está enojado contigo (God Is Not Mad at You)
La dosis de aprobación (The Approval Fix)

Efesios: Comentario bíblico (Ephesians: Biblical Commentary)
Empezando tu día bien (Starting Your Day Right)
Hágalo con miedo (Do It Afraid)
Hazte un favor a ti mismo…perdona (Do Yourself a Favor…Forgive)
Madre segura de sí misma (The Confident Mom)
Momentos de quietud con Dios, Devocionario (Quiet Times with God Devotional)
Mujer segura de sí misma (The Confident Woman)
No se afane por nada (Be Anxious for Nothing)
Pensamientos de poder (Power Thoughts)
El poder de la gratitud (The Power of Thank You)
La respuesta a la ansiedad (The Answer to Anxiety)
Sanidad para el alma de una mujer (Healing the Soul of a Woman)
Sanidad para el alma de una mujer, devocionario (Healing the Soul of a Woman Devotional)
Santiago: Comentario bíblico (James: Biblical Commentary)
Siempre alegre (Be Joyful)
Sobrecarga (Overload)
Sus batallas son del Señor (Your Battles Belong to the Lord)
Termina bien tu día (Ending Your Day Right)
Tienes que atreverte (I Dare You)
Usted puede comenzar de nuevo (You Can Begin Again)
Viva amando su vida (Living a Life You Love)
Viva valientemente (Living Courageously)
Vive por encima de tus sentimientos (Living Beyond Your Feelings)
¿Y qué hay de mí? (What About Me?)

Libros Por Dave Meyer

Life Lines

www.ingramcontent.com/pod-product-compliance
Lightning Source LLC
Chambersburg PA
CBHW011407070526
44586CB00022B/2587

* 9 7 8 1 5 4 6 0 0 9 6 1 0 *